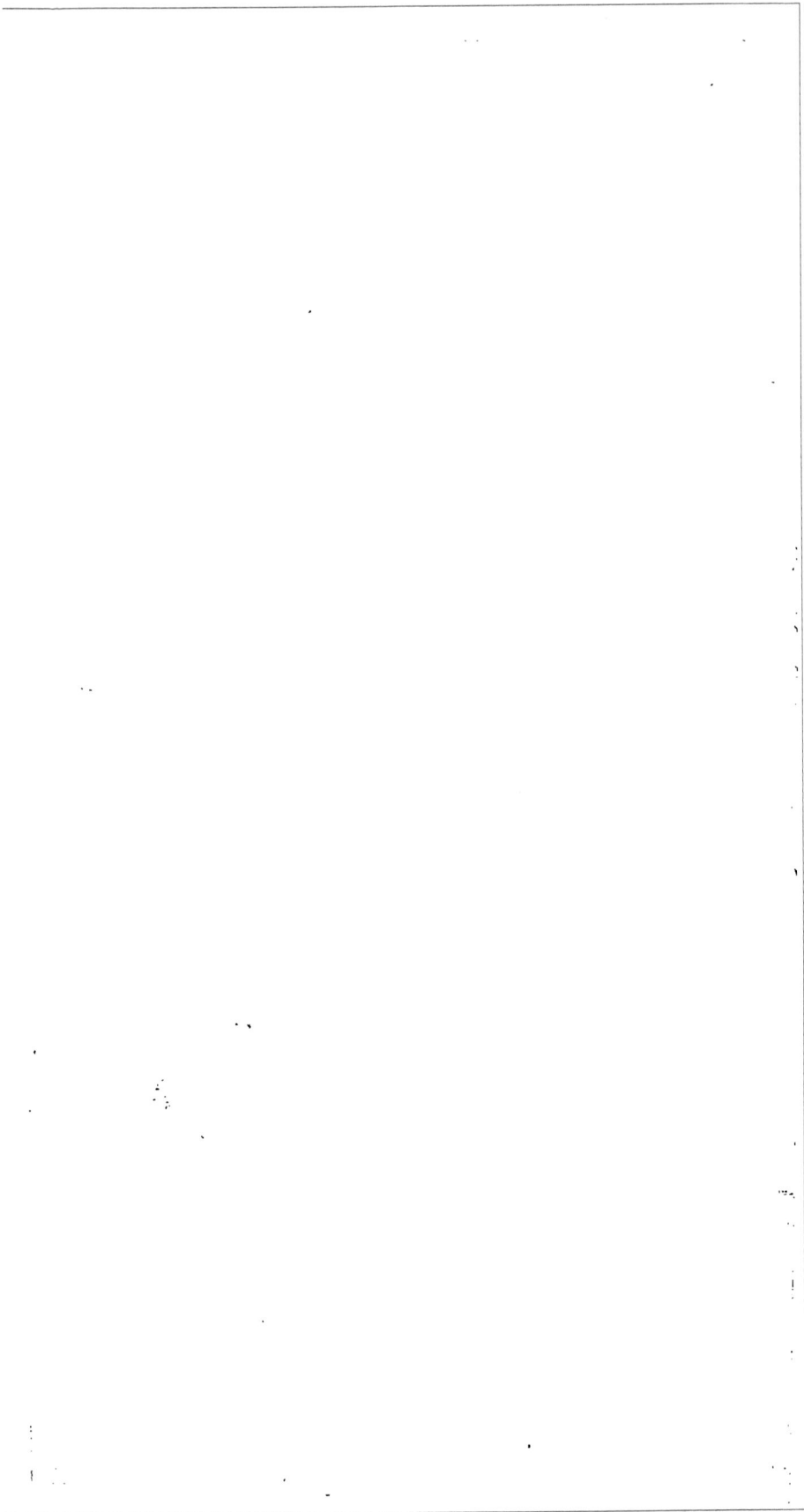

Nomenclature

exacte

s Rues, Passages, Places, Boulevards, &ca.

de la Ville de Paris.

Rédigée dans l'ordre alphabétique le plus
goureux, avec indication, en regard de chaque
e, du quartier, des numéros de maisons et de
Arrondissement qui s'y rattachent,

et suivie de Tableaux présentant:

Les Mairies & Justices de Paix de Paris.

Les noms et demeures de MM. les Commissaires de Police, Receveurs Particuliers, Percepteurs & Contrôleurs des Contributions directes, ainsi que les Quartiers composant leur division respective.

Prix: Broché 1f „ — Relié 1f 30"

Paris,
Chez l'Auteur, Rue de la Verrerie, 77.

1841.

Chaque Exemplaire doit être revêtu de la signature de l'Auteur

Saussonnier

Chef des Bureaux de la Direction des Contributions directes de la Seine.

Chapelain, Imp

Imprimerie lithographique d'Herbet et Chezaud
Rue Barre-du-Bec, 15.

Avertissement.

Cette Nomenclature, bien qu'utile à tous, a néanmoins été établie particulièrement pour les Administrations que leurs attributions ordinaires mettent journellement dans la nécessité de rechercher et de connaître, avec autant d'exactitude que de célérité, la position administrative des diverses rues de la Capitale.

On se plaignait généralement du peu de méthode existant, pour le classement des rues, dans les divers ouvrages publiés jusqu'à ce jour.

Pour obvier à cet inconvénient, on a, dans la nouvelle nomenclature, adopté un classement à la fois rationnel et commode.

Les noms des rues, passages, &c., y sont rangés dans un ordre alphabétique unique et rigoureux, et lorsqu'ils se forment de plusieurs mots, on a eu soin de les maintenir *tels qu'ils se comportent*, en évitant d'en décomposer aucun, sous prétexte de les inscrire à leur nom principal : circonstance qui n'a que trop souvent pour effet d'embarrasser dans les recherches. Ainsi, on trouvera la place Dauphine au **D**; le boulevard des Filles-du-Calvaire à l'**F**; la rue Gervais-Laurent au **G**; la rue St Jacques à l'**S**., &., &.

Dans les noms qui se ressemblent, l'*impasse* est avant le *passage*; celui-ci avant la *place*, et la *place* avant la *rue*, &c., afin de conserver toujours, et partout, l'ordre alphabétique si essentiel pour un Dictionnaire de rues.

Toutefois, et de l'avis de plusieurs souscripteurs, on a cru devoir, jusqu'à un certain point, s'écarter de cette règle, à l'égard de noms de rues qui ne différaient entr'eux que par le *genre* ou le cas. Ainsi, en général, dans les noms composés dont le premier mot se reproduit tantôt au masculin, tantôt au féminin, ou au pluriel, on a négligé les lettres caractéristiques du genre ou du cas, comme l'E de sainte, l'S de grands, le dernier E de petite, pour ne faire qu'un seul classement entre chacun de ces différens mots.

C'est aussi pour rendre les recherches plus faciles, que les *articles* au milieu des noms, ne sont pas entrés dans le classement.

Pour distinguer l'impasse, la place, de la rue, on a mis après le nom, le mot *impasse*, ou *place*, &c. Par suite, on a cru pouvoir se dispenser d'inscrire chaque fois le mot *rue*.

Les tenans et aboutissans ne sont pas entrés dans le travail: ils y étaient en quelque sorte étrangers, puisque ce n'est pas tant un Guide dans Paris qu'on a voulu produire, (bien qu'il puisse servir également à cette fin,) qu'un Relevé aussi complet et aussi méthodiquement classé que possible, destiné à diriger sûrement les bureaux des administrations, dans les recherches et les renvois multipliés qui font de leurs occupations un objet pour ainsi dire spécial.

Ce petit ouvrage, du reste, a donné lieu à un travail extrêmement long et minutieux. Aussi, le prix minime auquel il est taxé prouvera-t-il que l'Auteur, en l'entreprenant, n'a eu qu'un seul but: celui de faire une chose utile. Il se croira donc largement récompensé, s'il a pu y réussir.

Rues, &c.		Quartiers.	Nos de Maisons dépendant de chaque quartier.	Arrondissements.
de l'	Abattoir (avenue)	Roule	La totalité.	1.
de l'	Abattoir	Faub. Poissonnière . .	id	3.
de l'	Abbaye	Monnaie	id	10.
de l'	Abbaye St. Martin (passage) . .	St. Martin-des-Champs .	id	6.
des	Acacias	Invalides	id	10.
d'	Aguesseau (marché)	Place-Vendôme . . .	id	1.
d'	Aguesseau	Roule	id	1.
de l'	Aiguillerie	Marchés	id	4.
----	Albouy	Porte-St. Martin . .	id	5.
d'	Alger	Tuileries	id	1.
----	Alibert	Porte-St. Martin . .	id	5.
d'	Aligre (cour en passage) . . .	St. Honoré	id	4.
d'	Aligre	Quinze-Vingts . .	id	8.
de l'	Allée d'Antin (impasse) . . .	Champs-Élysées . .	id	1.
de l'	Allée des Veuves (imp. ou ruelle) .	Champs-Élysées . .	id	1.
des	Amandiers (barrière)	Popincourt	id	8.
des	Amandiers (chemin de ronde de la barrière)	Popincourt	id	8.
des	Amandiers-Popincourt . . .	Popincourt . . .	id	8.
des	Amandiers Ste. Geneviève . . .	St. Jacques	id	12.
d'	Amboise (impasse)	St. Jacques . . .	id	12.
d'	Amboise	Feydeau	id	2.
----	Amélie	Invalides	id	10.
----	Amelot (impasse)	(Voir impasse des Jardiniers)		"
----	Amelot	Faub. St. Antoine . .	de 2 à 14.	8.
		Popincourt . . .	16 à la fin.	8.
d'	Amsterdam	Roule	La totalité.	1.
de l'	Ancienne-comédie . . .	Monnaie	Nos pairs.	10.
		École-de-Médecine . .	Nos impairs.	11.
de l'	Ancien-Grand cerf (passage) .	Montorgueil . . .	La totalité.	5.

Rues, &c.a		Quartiers.	N.os de Maisons dépendans de chaque quartier.	Arrondissemens.
—	Ancienne halle à la Viande (l')	(aujourd'hui marché à la verdure)		4e
de l'	Ancre (passage)	Porte-St Denis	La totalité	6.
—	Andrelas (impasse)	St Marcel	id	12
d'	Angiviller	St Honoré	id	4.
de l'	Anglade	Palais-Royal	id	2.
des	Anglais (passage)	Ste avoie	id	7.
des	Anglais	St Jacques	id	12.
des	Anglaises	St Marcel	id	12.
d'	Angoulême St Honoré	Champs-Elysées	id	1.
d'	Angoulême du Temple (place)	Temple	id	6.
d'	Angoulême du Temple	Temple	id	6.
d'	Anjou (quai)	Ile St Louis	id	9.
d'	Anjou Dauphine	Monnaie	id	10.
d'	Anjou au marais	Mont de-Piété	id	7
d'	Anjou St Honoré	Roule	id	1.
d'	Antin (allée)	Champs-Elysées	id	1.
d'	Antin (Cité)	Chaussée-d'Antin	id	2.
d'	Antin	Feydeau	id	2
de l'	Arbalète	Observatoire	id	12.
de l'	Arbre-sec	Louvre	de 1 à 29 _ de 2 à 40.	4
		St Honoré	31 à la fin _ 42 à la fin.	4.
de l'	Arcade	Roule	N.os impairs	1.
		Place-Vendôme	N.os pairs.	1.
de l'	Arche-Marion	Louvre	La totalité	4.
de l'	Arche-Pépin	Louvre	id	4.
de l'	Archevêché (pont)	Cité (au nord)	"	9.
		St Jacques (au midi)	"	12.
de l'	Archevêché (quai)	Cité	La totalité	9.
des	Arcis	Lombards	N.os impairs	6.
		Arcis	N.os pairs	7.
d'	Arcole (pont)	Hôtel-de-ville (au nord)	"	9.
		Cité (au midi)	"	9.

	Rues, &c.a	Quartiers.	Nos de Maisons dépendant de chaque quartier.	Arrondissemens.
d'	Arcole	Cité	La totalité	9e.
d'	Arcueil (barrière) . . .	Observatoire . .	id.	12.
d'	Argenson (impasse) . . .	Marché-St-Jean . .	id.	7.
d'	Argenteuil (impasse) . . .	Roule	id.	1.
d'	Argenteuil	Palais-Royal . .	id.	2.
d'	Arras	Jardin-du-Roi . .	id.	12.
de l'	Arsenal (Cour et place) . .	(aujourd'hui place des salpêtres . . .		"
de l'	Arsenal (pont) (sur le Canal)	Arsenal	La totalité	9
de l'	Arsenal	(auj. rue de l'Orme)	"	"
d'	Artois (passage en rue) . .	(voir au mot Laffitte)	"	"
des	Arts (pont)	Louvre (au nord)	"	4.
		Monnaie (au midi)	"	10.
des	Arts (rue) enclos de la trinité	Porte-St-Denis . .	La totalité	6.
d'	Assas (impasse)	Luxembourg . .	id.	11.
d'	Assas	Luxembourg . .	id.	11.
d'	Astorg	Roule	id.	1.
de l'	Asyle	Popincourt . . .	id.	8.
—	Aubert (passage) . . .	Bonne-Nouvelle .	id.	5.
—	Aubry-le-Boucher	Lombards . . .	id.	6.
des	Augustins (quai)	École-de-Médecine .	id.	11.
—	Aumaire (passage en rue) .	(voir au mot Maire)	"	.
d'	Aunay (barrière) . . .	Popincourt . . .	La totalité	8
d'	Aunay (chemin de ronde de la barrière) .	Popincourt . . .	id.	8
d'	Austerlitz (pont) . . .	Quinze-Vingts . .	partie septentrionale	8.
		Jardin-du-Roi . .	partie méridionale	12.
d'	Austerlitz (Quai) . . .	St-Marcel . . .	La totalité	12.
d'	Austerlitz	Invalides	id.	10.
d'	Austerlitz St-Marcel . .	(voir Grande et Petite rue d'Austerlitz)		.
d'	Aval	(voir au mot Daval)	"	"
d'	Avignon	Lombards . . .	La totalité	6.

	Rues, &c.ª	Quartiers.	Nᵒˢ de Maisons dépendant de chaque quartier.	Arrondissemens.
—	Babille	Banque . . .	La totalité	4.ᵉ
de	Babylone	St. Thomas . .	id	10.
du	Bac	Faub. St. Germain .	de 1 à 61 — de 2 à 78	10.
		St. Thomas . . .	63 à la fin — 80 à la fin	10.
de	Bagneux	St. Thomas . .	La totalité	10.
—	Baillet	Louvre . . .	id	4.
—	Bailleul	St. honoré . . .	id	4.
—	Baillif	Banque . . .	id	4.
—	Bailly	St. Martin-des-champs	id	6.
des	Ballets	Marché-St. Jean . .	id	7.
de la	Banque	Banque . . .	id	4.
du	Banquier	St. Marcel . . .	id	12.
—	Barbet-de-Jouy	St. Thomas . .	id	10.
—	Barbette	Marais . . .	id	8.
de la	Barillerie	Cité	Nᵒˢ impairs	9.
		Palais-de-Justice . .	Nᵒˢ pairs	11.
des	Barnabites (cour ou passage)	Cité	La totalité	9.
de la	Barouillère	St. Thomas . .	id	10.
—	Basse-du-Bec	Ste. Avoye . . .	Nᵒˢ impairs	7.
		Marché-St. Jean . .	Nᵒˢ pairs	7.
des	Barres St. Gervais . . .	Hôtel-de-ville . .	La totalité	9.
des	Barrés St. Paul . . .	Arsenal . . .	id	9.
de la	Barrière d'Italie (place) . .	St. Marcel . .	id	12.
de la	Barrière Poissonnière . . .	(auj. rue de la Barrière St. Denis) . .		..
de la	Barrière St. Denis . . .	Faub. Poissonnière	La totalité	3.
—	Barthelemy	Invalides . .	id	10.
—	Basfour (impasse et passage)	Porte-St. Denis . .	id	6.
—	Basfroid	Popincourt . .	id	8.
—	Basse Porte-St. Denis . .	Faub. Poissonnière	id	3.
—	Basse du Rempart . .	Place Vendôme .	id	1

	Rues &c.	Quartiers.	Nos de Maisons dépendans de chaque quartier.	Arrondissemens
—	Basse St. Pierre	Champs-Elysées . .	La totalité	1.
—	Basse des Ursins	Cité	id	9.
des	Bassins ou Réservoirs (Barrière)	Champs-Elysées . .	id	1.
des	Bassins (Chemin de ronde de la Barrière)	Champs-Elysées . .	id	1.
des	Bassins	Champs-Elysées . .	id	1.
des	Batailles	Champs-Elysées . .	id	1.
—	Batave (Cour)	Lombards . . .	id	6.
du	Battoir St. André des arts . .	École-de-Médecine .	id	11.
du	Battoir St. Victor	Jardin-du-Roi . .	id	12.
—	Baudin (impasse) . . .	Roule	id	1.
—	Baudoyer (place)	Marché-St. Jean . .	Nos impairs.	7.
		Hôtel-de-Ville . . .	Nos pairs.	9.
de la	Baudroyerie (impasse) . .	Ste. Avoie	La totalité	7.
—	Baville	Palais-de-Justice .	id	11.
—	Bayard	Champs-Elysées . .	id	1.
—	Bayard	Invalides . . .	id	10.
—	Beaubourg	Ste. Avoie	id	7.
de	Beauce	Mont-de-Piété . .	id	7.
—	Beaucourt (impasse) . .	Roule	id	1.
—	Beaufort (impasse et passage)	Lombards . . .	id	6.
—	Beaujolais (passage) . .	Palais-Royal . .	id	2.
—	Beaujolais du Marais . .	Temple	id	6.
—	Beaujolais du Palais-Royal .	Palais-Royal . .	id	2.
—	Beaujolais St. Honoré . . .	Tuileries . . .	id	1.
—	Beaujon (cité)	Champs-Elysées . .	id	1.
—	Beaumarchais (boulevard) .	(voir Boulevard St. Antoine) . . .		"
de	Beaune	Faub. St. Germain .	La totalité	10.
—	Beauregard	Bonne-Nouvelle . .	id	5.
—	Beauregard (rue, autrefois, ruelle)	Faub. Montmartre .	id	2.

Rues, &c.ª	Quartiers.	N.ºs de Maisons dépendans de chaque quartier.	Arrondissemens.
— Beaurepaire	Montorgueil . .	La totalité	5.
— Beautreillis	Arsenal . . .	id	9.
— Beauveau (marché) . .	Quinze-Vingts . .	id	8.
— Beauveau (place) . .	Roule	id	1.
de Beauveau S.t antoine . .	Quinze vingts . .	id	8.
— Beauvilliers (passage) . .	Palais-Royal . .	id	2.
des Beaux-arts	Monnaie . . .	id	10.
du Bel-air (avenue) . . .	Quinze-vingts . .	id	8.
du Bel-air (Cour)	Quinze-Vingts . .	id	8.
de Belièvre	S.t Marcel . . .	id	12.
— Bellart	Invalides . . .	id	10.
— Bellechasse (place) . . .	Faub. S.t germain . .	id	10.
— Bellechasse	Faub. S.t germain . .	id	10.
— Bellefond	Faub. Montmartre .	id	2.
de Belleville (barrière) . .	Temple . . . . à droite / Porte-S.t Martin — à gauche	en sortant	6. / 5.
de Belleville (Chemin de ronde de la barrière)	Porte-S.t Martin . .	"	5.
de Bercy (barrière)	Quinze-vingts . .	La totalité	8.
de Bercy (Chemin de ronde de la barrière)	Quinze-Vingts . .	id	8.
de Bercy (pont)	Quinze-vingts . .	id	8.
de Bercy du Marais . . .	Marché S.t Jean .	id	7.
de Bercy S.t antoine . . .	Quinze-vingts . .	id	8.
— Bergère (cité)	Faub. Montmartre .	id	2.
— Bergère	Faub. Montmartre .	id	2.
de Berlin	(aujourd'hui impasse Gramniont.) . .		"
des Bernardins (Cloître et passage)	Jardin-du-Roi . .	La totalité	12.
des Bernardins	Jardin-du-Roi . .	id	12.
de Berry (au marais) . . .	Mont-de-Piété . .	id	7.
— Berryer (cité)	Place Vendôme . .	id	1.

	Rues, &a	Quartiers	Nos de maisons dépendans de chaque quartier.	Arrondissemens.
—	Berthaud (impasse) . . .	Ste Avoie	La totalité	7.
—	Bertin-Poirée (place) . .	Louvre	id	4.
—	Bertin-Poirée	Louvre	Nos impairs de 1 à 20	4.
		St Honoré	22 et 24.	4.
—	Bethisy (carrefour) . .	Louvre	"	4.
		St honoré	"	4.
—	Bethisy	Louvre	Nos impairs	4.
		St honoré	Nos pairs	4.
de	Béthune (quai) . . .	Ile St Louis	la totalité	9.
—	Beurrière	Luxembourg . . .	id	11.
de la	Bibliothèque	St Honoré	id	4.
—	Bichat	Porte St Martin . .	id	5.
de la	Bienfaisance	Roule	id	1.
—	Biette (passage)	(voir passage Crussol)	"	.
de la	Bièvre (pont)	St Marcel	la totalité	12.
de	Bièvre	Jardin-du-Roi . .	Nos impairs	12.
		St Jacques . . .	Nos pairs	12.
des	Billettes (impasse) . . .	Marché-St Jean . .	La totalité	7.
des	Billettes	Marché-St Jean . .	id	7.
de	Billy (quai)	Champs-Elysées . .	id	1.
—	Biragues (fontaine et place) .	Marais	"	8.
		Arsenal	"	9.
—	Biron	Observatoire . . .	La totalité	12.
—	Bizet	Champs-Elysées . .	id	1.
—	Blanche (barrière) . . .	Chaussée-d'Antin . .	id	2.
—	Blanche (chemin de ronde de la barrière)	Chaussée-d'Antin . .	id	2.
—	Blanche	Chaussée-d'Antin .	id	2.
des	Blancs-Manteaux (marché)	Marché-St Jean . .	id	7.
des	Blancs-Manteaux	Mont-de-Piété . .	id	7.
aux	Blés (halle)	Banque	id	4.
aux	Blés (port)	Hôtel-de-Ville . .	id	9.
—	Bleue	Faub. Montmartre .	id	2.

Rues, &c.ª		Quartiers.	Nºˢ de Maisons dépendans de chaque quartier.	Arrondissemens.
des	Bleus (cour)	Porte-St Denis	La totalité	6.
—	Bochart de Saron	Faub. Montmartre	id	2.
du	Bœuf (impasse)	Ste Avoie	id	7.
des	Bœufs (impasse)	St Jacques	id	12.
du	Bois de Boulogne (passage)	Faub. St Denis	id	5.
des	Bons-enfans	Palais-Royal	Nºˢ impairs	2.
		Banque	Nºˢ pairs.	4.
du	Bon-Puits (impasse)	Jardin-du-Roi	La totalité	12.
du	Bon-Puits	Jardin-du-Roi	id	12.
de la	Bonne graine (cour et passage)	Faub. St Antoine	id	8.
—	Bonne-Nouvelle (boulevard)	Bonne-Nouvelle	Nºˢ impairs	5.
		Faub. Poissonnière	Nºˢ pairs.	3.
de	Bondy	Porte-St Martin	La totalité	5
—	Bony (cour)	Roule	id	1.
—	Borda	St Martin-des-champs	id	6.
—	Bossuet	Cité	id	9.
—	Boucher	Louvre	id	4.
—	Boucherat	Temple	id	6.
de la	Boucherie des Invalides	Invalides	id	10.
des	Boucheries St Germain	Luxembourg	Nºˢ impairs.	11.
		Monnaie	Nºˢ pairs.	10
des	Boucheries St Honoré	(aujourd'hui rue Jeannisson)		"
—	Boudreau	Place Vendôme	La totalité	1.
de	Boufflers (avenue)	Invalides	id	10.
—	Boufflers (bazar)	Feydeau	id	2.
—	Boulainvilliers (marché)	Faub. St Germain	id	10.
des	Boulangers	Jardin-du-Roi	id	12.
de la	Boule-Blanche (passage)	Quinze-Vingts	id	8.
de la	Boule-Rouge (passage)	Faub. Montmartre	id	2.
de la	Boule-Rouge	Faub. Montmartre	id	2.

Rues, &c.		Quartiers.	Nos. de Maisons dépendant de chaque quartier.	Arrondissement.
des	Boulets	Faub. St Antoine	La totalité	8.
du	Bouloi	Banque	id	4.
du	Bouquet des champs (impasse).	Champs-Elysées	id	1.
du	Bouquet des champs	Champs-Elysées	id	1.
de la	Bourbe	Observatoire	id	12.
—	Bourbon (Quai)	Ile St Louis	id	9.
de	Bourbon	(voir rue de Lille).	"	"
—	Bourbon-le-château	Monnaie	La totalité	10.
—	Bourbon-Villeneuve	Bonne-Nouvelle	id	5.
—	Bourdaloue	Chaussée-d'antin	id	2.
—	Bourdin (impasse)	Champs-Elysées	id	1.
—	Bourdon (boulevard)	Arsenal	id	9.
des	Bourdonnais (impasse)	St Honoré	id	4.
des	Bourdonnais	St Honoré	id	4.
—	Bourg-l'abbé (passage	Porte-St Denis	id	6.
—	Bourg-l'abbé	Porte-St Denis	id	6.
de	Bourgogne (cour)	Quinze-vingts	id	8.
de	Bourgogne	Faub. St germain St Thomas Invalides	De 1 à 23. 23 bis à la fin Nos pairs.	10.
des	Bourguignons	Observatoire	La totalité	12.
—	Boursault	Chaussée-d'antin	id	2.
de la	Bourse (place)	Feydeau	id	2.
de la	Bourse	Feydeau	id	2.
—	Bourtibourg	Marché St Jean	id	7.
—	Boutebrie	Sorbonne	id	11.
de la	Bouteille (impasse)	St Eustache	id	3.
—	Bouton (impasse)	(voir impasse Jean Bouton)		"
—	Boutron (impasse)	Porte-St Martin	La totalité	5.
	Bouvart (impasse)	St Jacques	id	12.

Rues, &.a	Quartiers.	N.os de maisons dépendans de chaque quartier.	Arrondissements.
de la Boyauterie (barrière) . . .	Porte-St-Martin . .	La totalité	5.
de la Boyauterie (chemin de ronde de la barrière)	Porte-St-Martin . .	id	5.
— Brady (passage)	Faub. St-Denis . .	id	5.
de Braque	Mont-de-Piété . . .	id	7.
de la Brasserie (impasse) . . .	Palais-Royal . . .	id	2.
— Breda (place)	Chaussée-d'Antin . .	id	2.
— Breda	Chaussée-d'Antin . .	id	2.
de Bretagne	Mont-de-Piété . . .	N.os impairs	7.
	Temple	N.os pairs	6.
de Breteuil (avenue) . . .	Invalides	La totalité	10.
de Breteuil (carrefour) . .	Invalides	id	10.
de Breteuil	St-Martin-des-Champs.	id	6.
de Bretonvilliers	Ile-St-Louis . . .	id	9.
— Briare (impasse ou passage).	Faub. Montmartre.	id	2.
— Brière (passage)	Faub. St-Antoine . .	id	8.
— Brisemiche	Ste-Avoie	id	7.
des Brodeurs	St-Thomas . . .	id	10.
— Bruant	St-Marcel . . .	id	12
de Bruxelles	Roule	id	1
de la Bucherie (quai) . . .	St-Jacques . . .	id	12
de la Bucherie	St-Jacques . . .	id	12.
de Buffaut	Faub. Montmartre	id	2.
de Buffon	St-Marcel . . .	id	12.
du Buisson St-Louis	Porte-St-Martin . .	id	5.
— Bussi (carrefour) . . .	Monnaie	id	10.
de Bussi	Monnaie	id	10.
des Buttes	Quinze-Vingts . .	id	8.
des Buttes St-Chaumont . .	Porte-St-Martin .	id	5.
— Cadet	Faub. Montmartre.	id	2.

Rues, &c.	Quartiers.	Nos de Maisons dépendant de chaque quartier.	Arrondissemens.
du Cadran	Montmartre	La totalité	3.
du Café des Ambassadeurs (carré)	Champs-Elysées	id.	1.
du Café de foi (passage)	Palais Royal	id.	2.
— Caffarelli	Temple	id.	6.
du Caire (galeries)	Bonne Nouvelle	id.	5.
du Caire (place)	Bonne Nouvelle	id.	5.
du Caire	Bonne Nouvelle	id.	5.
de la Calandre	Cité	id.	9.
— Cambray (place)	St. Jacques	id.	12.
— Campagne-Première (rue nouvelle)	Luxembourg	id.	11.
du Canal St. Martin	Porte St. martin	id.	5.
du Canivet	Luxembourg	id.	11.
des Cannettes	Luxembourg	id.	11.
des Capucines (boulevard)	Place Vendôme	id.	1.
des Capucins	Observatoire	id.	12.
— Cardinale	Monnaie	id.	10.
du Cardinal Lemoine	Jardin du Roi	id.	12.
— Carême-Prenant	Porte St. martin	id.	5.
des Carmélites (impasse)	Observatoire	id.	12.
des Carmes (carrefour)	St. Jacques	id.	12.
des Carmes (marché)	St. Jacques	id.	12.
des Carmes	St. Jacques	id.	12.
— Caron	Marais	id.	8.
— Carpentier	Luxembourg	id.	11.
du Carré Ste. Geneviève (place)	St. Jacques	id.	12.
du Carrousel (place)	Tuileries	id.	1.
du Carrousel (pont)	(voir pont du Louvre)		
du Carrousel	Tuileries	La totalité	1.
— Casimir Périer	Faub. St. Germain	id.	10.

	Rues, &c.	Quartiers.	N.os de maisons dépendant de chaque quartier.	Arrondissemens
—	Cassette	Luxembourg	la totalité	11.
—	Cassini (impasse)	Observatoire	id	12.
—	Cassini	Observatoire	id	12.
—	Castellane	Place-Vendôme	id	1
—	Castex	Arsenal	id	9.
—	Castiglione	Tuileries	id	1.
—	Caumartin	Place-Vendôme	id	1.
des	Célestins (quai)	Arsenal	id	9
—	Cendrier (impasse et passage)	Place-Vendôme	id	1.
du	Cendrier	St. Marcel	id	12.
—	Censier	St. Marcel	id	12.
de la	Cerisaie	Arsenal	id	9.
—	César (passage)	Invalides	id	10.
—	Chabannais	Feydeau	id	2.
de	Chabrol	Faub. Poissonnière	id	3.
de	Chaillot	Champs-Elysées	id	1.
de la	Chaise	St. Thomas	id	10
—	Chanon	(aujourd'hui rue de la grande Chaumière)		
du	Champ de l'Alouette	St. Marcel	la totalité	12.
du	Champ des capucins	Observatoire	id	12.
—	Champ de Mars (le)	Invalides	id	10.
des	Champs	Champs-Elysées	id	1.
des	Champs-Elysées (avenue)	Champs-Elysées	id	1.
des	Champs-Elysées (carré)	Champs-Elysées	id	1.
des	Champs-Elysées (rondpoint)	Champs-Elysées	id	1.
des	Champs-Elysées	Champs-Elysées	id	1.
au	Change (pont)	Louvre	au nord	4.
		Arcis		7.
		Palais de Justice	au midi	11.
		Cité		9

Rues, &a.	Quartiers.	N.os des maisons dépendant de chaque quartier.	Arrondissements.
— Chanoinesse	Cité	La totalité	9.
— Chantereine	(aujourd'hui rue de la Victoire) . .		"
du Chantier (cour)	Porte St Denis . .	La totalité	6.
du Chantier de la Boule blanche (pass.)	Quinze-Vingts .	id	8.
des Chantiers	(voir rue au Cardinal Lemoine) . .		"
du Chantre	St Honoré . . .	La totalité	11.
des Chantres	Cité	id	9.
de la Chanverrie	Marchés . . .	N.os impairs	4.
	Montorgueil . . .	N.os pairs	5.
de la Chapelle	Faub. St Denis . .	La totalité	5.
— Chapon	Ste Avoie	N.os impairs	7.
	St Martin-des-champs	N.os pairs .	6.
— Chaptal	Chaussée-d'Antin	La totalité	2.
de la Charbonnière (avenue) . .	Roule	id	1.
des Charbonniers (impasse) . .	Quinze-Vingts . .	id	8.
des Charbonniers-St Antoine . .	Quinze-Vingts . .	id	8.
des Charbonniers-St Marcel . .	Observatoire . . .	id	12.
de Charenton (barrière) . . .	Quinze-Vingts . .	id	8.
de Charenton (chemin de ronde de la barrière)	Quinze-Vingts . .	id	8.
de Charenton	Quinze-Vingts . .	id	8.
de la Charité	Faub. St Denis . .	id	5.
— Charlemagne (passage) . .	Arsenal	id	9.
— Charles X (quai)	(aujourd'hui quai Jemmapes) . .		"
— Charlot	Temple	La totalité	6.
du Charnier des Innocens (passage) .	Marchés	id	4.
du Charnier des Innocens . . .	Marchés . . .	id	4.
de Charonne (barrière) . .	Faub. St Antoine, à droite	en sortant	8.
	Popincourt — à gauche	en sortant	8.
de Charonne (chemin de ronde de la barrière)	Popincourt . . .	La totalité	8.
de Charonne	Faub. St Antoine . .	de 1 à 15 - N.os impairs	8.
	Popincourt . . .	17 à la fin	8.

	Rues, &c.ª	Quartiers.	Nos de maisons dépendans de chaque quartier.	Arrondis-semens.
—	Chartière	St Jacques . .	La totalité	12.
de	Chartres (barrière) . . .	Roule . . .	id	1.
de	Chartres (galerie) . . .	Palais-Royal . .	id	2.
de	Chartres du Roule . . .	Roule	id	1.
de	Chartres St honoré . . .	Tuileries . . .	id	1.
des	Chartreux (passage) . . .	St Eustache . .	id	3.
du	Char-Blanc (impasse) . .	(voir impasse St Jacques la Bie) . .		"
du	Chat-qui-pêche	Sorbonne . . .	La totalité	11.
de	Châteaubriand (avenue) . .	Champs-Elysées .	id	1.
—	Château-Landon	Faub. St Denis . .	id	5.
du	Châtelet (place) . . .	Louvre	Nos impairs	4.
		Arcis	Nos pairs	7.
de	Châtillon	Porte-St Martin . .	La totalité	5.
—	Chauchat	Chaussée-d'antin .	id	2.
du	Chaudron	Faub. St Denis . .	id	5.
du	Chaume (passage) . . .	(voir passage Pecquay) . . .		"
du	Chaume	Mont-de-Piété . .	La totalité	7.
de la	Chaussée-d'Antin . . .	Place-Vendôme . .	Nos impairs	1.
		Chaussée-d'Antin .	Nos pairs	2.
de la	Chaussée du Maine (impasse)	Luxembourg .	La totalité	11.
de la	Chaussée-des-Minimes . . .	Marais . . .	id	8.
—	Chausson (passage) . . .	Porte-St Martin . .	id	5.
—	Chauveau-Lagarde . . .	Place-Vendôme . .	id	1.
du	Chemin de la Chopinette . .	Porte-St Martin . .	id	5.
du	Chemin de Gentilly . . .	St Marcel . . .	id	12.
du	Chemin de Lagny . . .	Faub. St Antoine .	id	8.
du	Chemin de Pantin . . .	Porte-St Martin .	id	5.
du	Chemin de Versailles . .	Champs-Elysées . .	id	1.
du	Chemin-Vert (passage) . .	Popincourt . . .	id	8.
du	Chemin vert	Popincourt . . .	id	8.

Rues, &c.a		Quartiers.	Nos de maisons dépendans de chaque quartier.	Arrondissemens
du	Cherche-midi	Luxembourg	de 1 à 37.	11.
		St Thomas	39 à la fin – Nos pairs.	10.
du	Cheval-Blanc (passages).	Faub. St antoine	La totalité	8.
		Porte St Denis	id	6.
du	Cheval-Rouge (passage).	Porte St Denis	id	6.
du	Chevaleret (ancien chemin).	St Marcel	id	12.
du	Chevalier du Guet (impasse).	Louvre	id	4.
du	Chevalier du Guet (place).	Louvre	id	4.
du	Chevalier du Guet	Louvre	Nos impairs	4.
		Marchés	Nos pairs	4.
aux	Chevaux (marché)	St Marcel	La totalité	12.
—	Chevert	Invalides	id	10.
du	Chevet de l'Eglise St Vincent de Paule	Faub. Poissonniere	id	3.
du	Chevet-St Landry	(remplacée par la rue d'Arcole)		..
de	Chevreuse	Luxembourg	La totalité	11.
—	Childebert	Monnaie	id	10.
—	Chilpéric	Louvre	id	4.
—	Choiseul (passage).	Feydeau	id	2.
de	Choiseul	Feydeau	id	2.
des	Cholets	St Jacques	id	12.
de la	Chopinette (barrière)	Porte St Martin	id	5
de la	Chopinette (chemin de ronde de la barrière)	Porte St martin	id	5
de la	Chopinette	(voir rue du chemin de la Chopinette)		..
—	Christine	Ecole-de-Médecine	La totalité	11.
du	Cimetière St andré des arts	Ecole-de-médecine	id	11.
du	Cimetière St Benoît	St Jacques	id	12.
du	Cimetière St Nicolas	Ste avoie	Nos impairs	7.
		St Martin-des-champs	Nos pairs	6.
des	Cinq-Diamans	Lombards	La totalité	6
des	Ciseaux	Monnaie	id	10

	Rues &a.	Quartiers	Nos de maisons dépendant de chaque quartier	Arrondissements
de la	Cité (pont)	Cité	à l'ouest	9.
		Ile-St Louis	à l'est	
de la	Cité (quai)	(Aujourd'hui quai Napoléon)		"
de la	Cité	Cité	la totalité	9.
—	Clairvaux (impasse)	Ste Avoie	id	7.
de la	Clef	St Marcel	de 1 à 17 – 2 à 12.	12.
		Jardin-du-Roi	19 à la fin – 14 seul	12.
—	Clément	Luxembourg	la totalité	11.
de	Cléry	Montmartre	de 1 à 29 – 2 à 44.	3.
		Bonne-Nouvelle	31 à la fin – 46 à la fin	5.
de	Clichy (barrière)	Chaussée-d'antin	à droite } en sortant	2.
		Roule	à gauche } en sortant	1.
de	Clichy (chemin de ronde de la barrière)	Roule	la totalité	1.
de	Clichy	Roule	Nos impairs	1.
		Chaussée d'antin	Nos pairs	2.
—	Cloche-Perce	Marché St Jean	la totalité	7.
du	Cloître Notre-Dame	Cité	id	9.
du	Cloître St Benoît (place et rue)	Sorbonne	id	11.
du	Cloître St Honoré (passage)	Banque	id	4.
du	Cloître St Jacques l'hôpital	Montorgueil	id	5.
du	Cloître St Merri	Ste Avoie	id	7.
—	Clopin	Jardin-du-Roi	id	12.
du	Clos-Bruneau	St Jacques	id	12.
du	Clos-Georgeau	Palais-Royal	id	2.
—	Clotilde	St Jacques	id	12.
—	Clovis	St Jacques	id	12.
de	Cluny	Sorbonne	id	11.
—	Cocatrix	Cité	id	9.
des	Cochers (cour)	Roule	id	1.
du	Coeur-volant	Luxembourg	id	11.
—	Colbert (galerie ou passage)	Mail	id	3.

	Rues, &c.	Quartiers	N.os de maisons dépendant de chaque quartier	Arrondissemens
—	Colbert	Feydeau	La totalité	2.
du	Collége Louis-le-grand (place)	Sorbonne	id	11.
de la	Collégiale (place)	St. Marcel	id	12.
de la	Colombe	Cité	id	9.
du	Colombier	(réunie à la rue Jacob)	"	"
des	Colonnes	Feydeau	La totalité	2.
du	Colysée	Champs-Élysées	id	1.
du	Combat (barrière)	Porte-St. Martin	id	5.
du	Combat (chemin de ronde de la barrière)	Porte-St. Martin	id	5.
de la	Comète	Invalides	id	10.
du	Commerce (cour)	Temple	id	6.
du	Commerce (cour et passage)	École-de-Médecine	id	11.
du	Commerce (passage)	St. Martin-des-champs	id	6.
du	Commerce (rue) Enclos de la trinité	Porte St. Denis	id	6.
—	Comtesse d'Artois	(réunie à la rue Montorgueil)		"
de la	Concorde (place)	Tuileries	N.o 2.	1.
		Cham.-Élysées	de 4 à 10	
de la	Concorde (pont)	Tuileries	au nord	1.
		Champs-Élysées		
		Faub. St. Germain	au midi	10.
		Invalides		
de	Condé	École-de-Médecine	N.os impairs	11.
		Luxembourg	N.os pairs	
de la	Conférence (place)	Champs-Élysées	La totalité	1.
de la	Conférence (quai)	Champs-Élysées	id	1.
de	Constantine (pont)	Ile-St. Louis	(au nord)	9.
		Jardin-du-Roi	(au midi)	12.
de	Constantine	Cité	La totalité	9.
de	Constantinople	Roule	id	1.
—	Conté	St. Martin-des-champs	id	6.
—	Conti (impasse)	Monnaie	id	10.

Rues, &a.	Quartiers.	Nos de maisons dépendant de chaque quartier.	Arrondissements.
— Conti (quai)	Monnaie . . .	La totalité	10.
du Contrat-social	St Eustache . . .	id	3.
de la Contrescarpe	Arsenal . . .	de 2 à 70	9.
	Quinze-Vingts . .	72 seul	8.
— Contrescarpe St André . .	École-de-médecine .	La totalité	11.
— Contrescarpe St Marcel . .	Jardin-du-Roi . . .	de 1 à 13 — 2 à 6	12.
	Observatoire . . .	15 à la fin	
	St Jacques . . .	8 à la fin	
— Copeau	St Marcel	No 1 seul	12.
	Jardin-du-Roi . .	le surplus	
— Coq-héron	Mail	Nos impairs	3.
	St Eustache . . .	Nos pairs	
du Coq St honoré	St honoré	La totalité	4.
du Coq St Jean	Arcis	Nos impairs	7.
	Marché St Jean . .	Nos pairs	
— Coquenard (impasse) . .	Faub. Montmartre .	La totalité	2.
— Coquenard	Faub. Montmartre .	id	2.
— Coquerelle (impasse) . .	Marché St Jean . .	id	7.
des Coquilles	Arcis	id	7.
— Coquillière	Banque	Nos impairs	4.
	St Eustache . . .	de 2 à 28.	3.
	Mail	30 à la fin	3.
— Corbeau	Porte-St-Martin . .	La totalité	5.
des Cordelières	St Marcel	id	12.
de la Corderie (cour et place) . .	Temple	id	6.
de la Corderie au Marais . .	Mont-de-Piété . .	Nos impairs	7.
	Temple	Nos pairs	6.
de la Corderie St honoré (impasse)	Palais Royal . .	La totalité	2.
de la Corderie St honoré	Palais-Royal . .	id	2.
des Cordiers	Sorbonne	id	11.
de la Cordonnerie	Marchés	id	4.

	Rues, &c.	Quartiers.	Nos de maisons dépendant de chaque quartier.	Arrondissemens
	Corneille	École de Médecine	La totalité	11.
des	Cornes	St Marcel	id	12.
de la	Corroierie	Ste Avoie	id	7.
de la	Cossonnerie	Marchés	id	4.
de	Cotte	Quinze-vingts	id	8.
de la	Cour du Commerce (marché)	Lombards	id	6.
de la	Cour des Comptes (passage)	Palais-de-Justice	id	11.
de la	Cour de Harlay (passage)	Palais-de-Justice	id	11.
de la	Cour des Miracles (passage)	Marais	id	8.
de la	Cour de Rohan (passage)	École-de-Médecine	id	11.
de la	Cour du Roi François 1er (passage)	Porte St Denis	id	6.
	Courbaton (impasse)	Louvre	id	4.
de	Courcelles (barrière)	Roule	id	1.
de	Courcelles (chemin de ronde de la barrière)	Roule	id	1.
de	Courcelles	Roule	id	1.
du	Cours-la-Reine (allée ou avenue)	Champs-Élysées	id	1.
	Courtalon	Marchés	id	4.
de	Courty	Faub. St Germain	id	10.
de la	Coutellerie	Arcis	id	7.
des	Coutures St Gervais	Marais	id	8.
	Crébillon	École-de-Médecine	id	11.
	Crétel	Faub. Montmartre	id	2.
du	Croissant	Montmartre	id	3.
de la	Croix-Blanche (impasse ou passage)	Marché-St Jean	id	7.
de la	Croix-Blanche	Marché-St Jean	id	7.
de la	Croix-Boissière (impasse)	Champs-Élysées	id	1
de la	Croix-Boissière	Champs-Élysées	id	1
de la	Croix-Clamart (carrefour)	St Marcel	id	12.
	Croix des Petits Champs	Banque	Nos compris — de 2 à 48	4.
		Mail	50 à la fin	3.

Rues, &c.ª	Quartiers.	Nos de Maisons dépendant de chaque quartier.	Arrondissements.
de la Croix-Rouge (carrefour)	Luxembourg	"	11.
	Monnaie	"	10.
	St Thomas	"	10.
de la Croix-du-Roule	Roule	La totalité	1.
de la Croix St Martin	St Martin-des-champs	id	6.
— Croulebarbe (barrière)	St Marcel	id	12.
— Croulebarbe (pont)	St Marcel	id	12.
— Croulebarbe	St Marcel	id	12.
de Crussol (passage)	Temple	id	6.
de Crussol	Temple	id	6.
aux Cuirs (halle)	Montorgueil	id	5.
— Culture Ste Catherine	Marché St Jean	de 1 à 23	7
	Marais	23 bis à la fin Nos pairs	8.
de la Cunette (barrière)	Invalides	La totalité	10.
— Cuvier	Jardin-du-Roi	id	12.
du Cygne	Montorgueil	id	5.
des Cygnes (île)	Invalides	id	10.
— Dalayrac	Feydeau	id	2.
de Dalmatie			
de Damiette (pont)	Arsenal	au nord	9.
	Ile-St Louis	au midi	
de Damiette	Bonne-Nouvelle	La totalité	5.
— Damois (cour et passage)	Faub. St Antoine	id	8.
— Dany (impasse)	Roule	id	1.
du Dauphin	Tuileries	id	1.
— Dauphine (passage)	Monnaie	id	10.
— Dauphine (place)	Palais-de-Justice	id	11.
— Dauphine	École-de-médecine	Nos impairs	11.
	Monnaie	Nos pairs	10.
— Daval	Faub. St Antoine	Nos impairs	8.
	Popincourt	Nos pairs	

Rues, &c.	Quartiers.	N.os de maison dépendans de chaque quartier.	Arrondissemens.
des Déchargeurs	St Honoré Marchés	N.os impairs – 2 à 12. 14 à la fin.	4.
des Degrés	Bonne-Nouvelle	la totalité	5.
— Delaunay (impasse)	Popincourt	id	8.
— Delessert (passage)	Porte-St-Martin	id	5.
— Delorme (passage)	Tuileries	id	1.
du Delta	Faub. Montmartre.	id	2.
du Delta (projetée)	Faub. Montmartre.	id	2.
du Delta-Lafayette	Faub. Poissonnière.	id	3.
du Demi-Saint	Louvre	id	4.
— Deville	St Marcel	id	12.
— Desaix	Invalides	id	10.
— Descartes	Jardin-du-Roi St Jacques	N.os impairs N.os pairs	12.
— Desèze	Place Vendôme	la totalité	1.
du Désir (passage)	Faub. St-Denis	id	5.
des Deux-Anges (rue convertie en impasse)	Monnaie	id	10.
des Deux-Boules	Louvre St Honoré	N.os impairs. N.os pairs.	4
des Deux-Écus	St Eustache Banque	de 1 à 11 – (2 à 10 inclus) 13 à la fin et 12 à la fin	3. 4.
des Deux-Églises	Observatoire	la totalité	12.
des Deux-Ermites	Cité	id	9.
des Deux-Moulins (barrière)	St Marcel	id	12.
des Deux-Moulins	St Marcel	id	12.
des Deux-Ponts	Ile-St-Louis	id	9.
des Deux-Portes-St-André	École-de-médecine	id	11.
des Deux-Portes-St-Jean	Marché-St-Jean	id	7.
des Deux-Portes-St-Sauveur	Montorgueil	id	5.
des Deux-Sœurs (Cour)	Faub. Montmartre Faub. St-Antoine	id id	2. 8.

Rues &c.		Quartiers.	N° de Maisons dépendant de chaque quartier.	Arrondissemens
au	Double (pont)	Cité	La totalité	9.
des	Douze-Maisons (ruelle)	Champs-Élysées	id	1.
des	Douze-Portes	Marais	id	8.
—	Doyen (carré)	Champs-Élysées	id	1.
du	Doyenné (Impasse)	Tuileries	id	1.
du	Doyenné	Tuileries	id	1.
du	Dragon (Cour)	Monnaie	id	10.
du	Dragon	Monnaie	id	10.
aux	Draps (halle)	Marchés	id	4.
—	Dubail (passage)	Porte-St-Martin	id	5.
—	Duguay-Trouin	Luxembourg	id	11.
—	Duguesclin	Invalides	id	10.
—	Duphot	Place-Vendôme	id	1.
—	Dupleix (place)	Invalides	id	10.
—	Dupleix	Invalides	id	10.
—	Dupleix (ruelle)	Invalides	id	10.
—	Dupont	Champs-Élysées	id	1.
—	Dupuis	Temple	id	6.
de	Duras	Roule	id	1.
de l'	Écharpe	Marais	id	8.
de l'	Échaudé au Marais	Mont-de-Piété	id	7.
de l'	Échaudé St Germain	Monnaie	id	10.
de l'	Échelle	Tuileries	id	1.
de l'	Échiquier (impasse)	Mont-de-Piété	id	7.
de l'	Échiquier	Faub. Poissonnière	id	3.
des	Écluses St Martin	Porte-St-Martin	id	5
de l'	École (impasse)	Faub. Montmartre	id	2.
de l'	École (place)	Louvre	id	4.
de l'	École (port)	Louvre	id	4.

	Rues, &c.	Quartiers.	N.os de maisons dépendant de chaque quartier.	Arrondis.
de l'	École (quai)	Louvre	La totalité	4.
de l'	École-de-Médecine (place)	École-de-Médecine	id	11.
de l'	École-de-Médecine	École-de-Médecine	id	11.
de l'	École-Militaire (barrière)	Invalides	id	10.
de l'	École-Militaire ([illegible])	Invalides	id	10.
d'	Écosse	S.t Jacques	id	12.
des	Écouffes	Marché-S.t Jean	id	7.
des	Écrivains	Lombards	id	6.
des	Écuries d'Artois	Champs-Élysées	id	1.
de l'	Église	Invalides	id	10.
de l'	Égout (impasse)	Faub. S.t Denis	id	5.
de l'	Égout-S.te Catherine	(aujourd'hui rue du Val-S.te Catherine)	..	..
de l'	Égout S.t Germain	Monnaie	La totalité	10.
de l'	Enfant-Jésus (impasse)	S.t Thomas	id	10.
des	Enfans-Rouges (Marché)	Mont-de-Piété	id	7.
des	Enfans-Rouges	Mont-de-Piété	id	7.
d'	Enfer (barrière)	Luxembourg Observatoire	..	11 12
d'	Enfer (boulevard)	Luxembourg Observatoire	de 1 à 7 — 2 à 10. point de N.os	11. 12.
d'	Enfer (chemin de ronde de la barrière)	Luxembourg	La totalité	11.
d'	Enfer	Sorbonne Observatoire	de 1 à 15 — 2 à 30. 17 à la fin — 32 à la fin.	11. 12.
d'	Enghien	Faub. Poissonnière	La totalité	3.
de l'	Entrepôt	Porte-S.t Martin	id	5.
de l'	Épée de bois	S.t Marcel Jardin-du-Roi	N.os impairs N.os pairs	12.
de l'	Éperon	École-de-Médecine	La totalité	11.
des	Épinettes (impasse)	Luxembourg	id	11.
d'	Erfurth	Monnaie	id	10.
de l'	Essai	S.t Marcel	id	12.

Rues, &c.	Quartiers.	N.os de maisons dépendant de chaque quartier	Arrondissements
de l' Est.	Luxembourg . . .	N.os pairs	11.
	Observatoire . . .	N.os impairs	12.
de l' Estrapade (place)	Observatoire et St. Jacques		12.
d' Estrées	Invalides	la totalité	10.
des États-réunis (cour) [Faub. du Temple 95]	Porte-St. Martin . .	id.	5
— Étienne	Louvre	id.	4.
de l' Étoile (impasse et passage) . .	Bonne-Nouvelle . .	id.	5.
de l' Étoile (place)	Champs-Élysées . .	id.	1.
de l' Étoile	Arsenal	id.	9.
des Étroites-Ruelles	St. Marcel	id.	12.
de l' Europe (place)	Roule	id.	1.
de l' Évêché	Cité	id.	9.
de l' Évêque	Palais-Royal . .	id.	2.
aux Farines (halle)	Banque	id.	4.
du Faub.-Montmartre	Chaussée-d'Antin . .	N.os impairs	2.
	Faub. Montmartre . .	N.os pairs	
du Faub.-Poissonnière	Faub. Montmartre . .	N.os impairs	2.
	Faub. Poissonnière . .	N.os pairs	3.
du Faub.-du-Roule	Champs-Élysées . .	N.os impairs	1.
	Roule	N.os pairs	
du Faub.-St. Antoine (Place) . .	Quinze-vingts . . .	"	8
	Faub. St. Antoine . .	"	
	Arsenal	"	9.
du Faub. St. Antoine	Faub. St. Antoine . .	N.os impairs	8.
	Quinze-Vingts . . .	N.os pairs	
du Faub. St. Denis	Faub. Poissonnière . .	N.os impairs	3.
	Faub. St. Denis . .	N.os pairs	5.
du Faub. St. Honoré	Champs-Élysées . .	N.os impairs	1.
	Place Vendôme . .	de 2 à 22.	
	Roule	24 à la fin.	

	Rues, &c.	Quartiers.	N.os de Maisons dépendant de chaque quartier.	Arrondis. Munic.
du	Faub. St Jacques	Observatoire	la totalité	12.
du	Faub. St Martin	Faub. St Denis	N.os impairs	5.
		Porte St Martin	N.os pairs	
du	Faub. du Temple	Porte St Martin	N.os impairs	5.
		Temple	N.os pairs	6.
du	Fauconnier	Arsenal	la totalité	9.
—	Favart	Feydeau	id.	2.
—	Félibien	Luxembourg	id.	11.
de la	Femme-sans-Tête	Ile St Louis	id.	9.
du	Fer-à-Moulin	St Marcel	id.	12.
—	Ferdinand	Temple	id.	6.
—	Ferdinand-Berthoud	St Martin-des-champs	id.	6.
de la	Ferme de Grenelle (rue nouvelle)	Invalides	id.	10.
de la	Ferme-des-Mathurins	Place-Vendôme	id.	1.
—	Férou	Luxembourg	id.	11.
de la	Ferronnerie	Marchés	id.	4
aux	Fers	Marchés	id.	4.
de la	Feuillade	(Voir la Feuillade)	"	"
des	Feuillantines (impasse)	Observatoire	la totalité	12.
—	Feuillet (passage)	Porte-St Martin	id.	5.
aux	Fèves	Cité	id.	9.
—	Feydeau	Feydeau	id.	2.
de la	Fidélité (place)	Faub. St Denis	id.	5.
de la	Fidélité	Faub. St Denis	id.	5.
du	Figuier	Arsenal	id.	9.
des	Filles-du-Calvaire (Boulevard)	Marais	N.os impairs	8.
		Popincourt	"	
des	Filles-du-Calvaire (carrefour)	Temple	"	6.
		Mont-de-Piété	"	7.
		Marais	"	8.
des	Filles-du-Calvaire	Temple	N.os impairs	6.
		Marais	N.os pairs	8.

	Rues, &c.	Quartiers	N.os de maisons dépendant de chaque quartier	Arrondissements
des	Filles-Dieu	Bonne-Nouvelle	la totalité	5
des	Filles-S.t Thomas	Mail	de 1 à 13.	3.
		Feydeau	15 à la fin – N.os pairs	2.
—	Fléchier	Chaussée-d'Antin	la totalité	2.
aux	Fleurs (marché)	Cité	id	9.
		Place-Vendôme	id	1.
		Porte-S.t Martin	id	5.
aux	Fleurs (quai)	Cité	"	9.
de	Fleurus	Luxembourg	id	11.
de	Florence	Roule	id	1.
du	Foin (au Marais)	Marais	id	8.
du	Foin S.t Jacques	Sorbonne	id	11.
—	Folie-Méricourt	Temple	id	6.
de la	Folie-Regnault	Popincourt	id	8
de la	Fontaine	S.t Marcel	id	12.
—	Fontaine-au-Roi	Temple	id	6.
—	Fontaine-S.t Georges	Chaussée-d'Antin	id	2.
des	Fontaines (cour)	Palais-Royal	id	2.
des	Fontaines	S.t Martin-des-Champs	id	6.
de	Fontainebleau (barrière)	(voir Barrière d'Italie)	"	
de	Fontarabie (barrière et chemin de ronde)	(Voir au mot Charonne)	"	"
—	Fontenoi (place)	Invalides	la totalité	10.
du	Forez	Temple	id	6.
de la	Forge-Royale (impasse)	Faub. S.t Antoine	id	8.
des	Forges	Bonne-Nouvelle	id	5.
—	Fortin	Champs-Élysées	id	1.
—	Fortunée (avenue)	Champs-Élysées	id	1.
des	Fossés-Montmartre	Mail	id	3.
des	Fossés S.t Bernard	Jardin-du-Roi	id	12.
des	Fossés S.t Germain l'Auxerrois	Louvre	N.os impairs	4.
		S.t Honoré	N.os pairs	

Rues, &c.		Quartiers.	Nos de maisons dépendantes de chaque quartier.	
les	Fossés St Jacques	St Jacques	Nos impairs	12
		Observatoire	Nos pairs	
des	Fossés St Marcel	St Marcel	La totalité	12
des	Fossés St Martin	Faub. St Denis	id	5
des	Fossés St Victor,	Jardin du Roi	id	12
des	Fossés du Temple	Temple	id	6.
du	Fouarre	St Jacques	id	12.
du	Four St Germain	Luxembourg	Nos impairs	11.
		Monnaie	Nos pairs	10.
du	Four St Honoré	Banque	Nos impairs	4.
		St Eustache	Nos pairs	3.
du	Four St Jacques ou St Hilaire	St Jacques	La totalité	12.
de	Fourcy St Antoine	Hôtel-de-Ville	Nos impairs	9.
		Arsenal	Nos pairs	
de	Fourcy-Ste Geneviève	St Jacques	La totalité	12.
des	Fourneaux (barrière)	Luxembourg	id	11.
des	Fourneaux (Hameau [illegible])	Luxembourg	id	11.
des	Fourneaux	Luxembourg	id	11.
aux	Fourrages (marchés)	Faub. St Denis	id	5.
		Quinze-vingts	id	8.
		Luxembourg	id	11.
des	Fourreurs	St Honoré	Nos impairs	4
		Marchés	Nos pairs	
—	Française	Montorgueil	La totalité	5
—	François-Miron	Hôtel-de-Ville	id	9.
—	François-Premier (place)	Champs-Élysées	id	1
—	François-Premier	Champs-Élysées	id	1
des	Francs-Bourgeois (au Marais)	Marché St Jean	Nos impairs	7.
		Marais	Nos pairs	8.
des	Francs-Bourgeois-St Marcel	St Marcel	La totalité	12.
des	Francs-Bourgeois-St Michel	École-de-Médecine	Nos impairs	11.
		Sorbonne	Nos pairs	

Rues, &c.	Quartiers.	Nos de Maisons dépendans de chaque Quartier.	Arrondissements.
— Franklin (barrière)	Champs-Elysées . .	La totalité	1.
— Franklin (chemin de ronde de la barrière)	Champs-Elysées . .	id	1.
— Frépillon (passage)	St Martin-des-champs .	id	6.
— Frépillon	St Martin-des-champs .	id	6.
— Frochot	Chaussée-d'antin . .	id	2
— Froidmanteau	(aujourd'hui rue du Musée)		"
de la Fromagerie	Marchés	La totalité	4.
— Fromentel	St Jacques	id	12.
des Frondeurs	Palais Royal . . .	id	2.
aux Fruits (port)	St Jacques . . .	id	12.
— Furstemberg	Monnaie	id	10.
— Gabrielle (avenue)	Champs-Elysées . .	id	1.
— Gaillard (passage)	Champs-Elysées . .	id	1.
— Gaillon (carrefour)	Feydeau	id	2.
— Gaillon	Feydeau	id	2.
de la Gaîté (passage)	Temple	id	6.
— Galande	St Jacques . . .	id	12.
— Garancière	Luxembourg . . .	id	11.
de la Gare (barrière)	St Marcel . . .	id	12.
de la Gare (chemin de ronde de la barrière)	St Marcel . . .	id	12.
de la Gare	St Marcel . . .	id	12.
— Gasté	Champs-Elysées .	id	1.
du Gazomètre	Faub. Poissonnière .	id	3.
de Gênes	Roule	id	1.
de Gentilly	(voir rue du Chemin de Gentilly) . .		"
— Genty (ruelle)	Quinze-vingts . .	La totalité	8.
— Geoffroy-l'angevin	Ste Avoie . . .	id	7.
— Geoffroy-l'asnier	Hôtel-de-Ville . .	id	9.
— Gérard-Beauquet	(réunie à la rue Beautreillis) . . .		.

	Rues, &c.	Quartiers.	N.os de maisons dépendant de chaque quartier.	Arrondissemens.
	Gervais-Laurent	Cité	La totalité	9.
de	Gèvres (quai)	Arcis	id	7.
du	Gindre	Luxembourg	id	11.
	Gît-le-cœur	École-de-médecine	id	11.
de la	Glacière (boulevard)	S.t Marcel	id	12.
de la	Glacière	S.t Marcel	id	12.
de	Glatigny	Cité	id	9.
des	Gobelins (boulevard)	S.t Marcel	id	12.
des	Gobelins	S.t Marcel	id	12.
des	Gobelins (ruelle)	S.t Marcel	id	12.
	Godefroy	S.t Marcel	id	12.
	Godot-de-Mauroy	Place-Vendôme	id	1.
des	Gourdes	(supprimée)	"	"
	Gracieuse	S.t Marcel	de 1 à 7 — 2 à 12	12.
		Jardin-du-Roi	9 à la fin — 14 à la fin	
	Grados (passage)	Porte-S.t Martin	La totalité	5.
aux	Grains ou Graines (halle)	Banque	id	4.
de	Grammont (impasse)	Roule	id	1.
de	Grammont (pont) (de Louviers)	Arsenal	id	9.
de	Grammont	Feydeau	id	2.
des	Grands-Augustins	École-de-médecine	id	11.
	Grande-rue d'Austerlitz	S.t Marcel	id	12.
	Grand-carré des champs Élysées (le)	Champs-Élysées	id	1.
du	Grand-cerf (passage)	Porte-S.t Denis	id	6.
du	Grand-chantier	Mont-de-Piété	id	7.
de la	Grande-chaumière	Luxembourg	id	11.
des	Grands-Degrés (quai)	S.t Jacques	id	12.
des	Grands-Degrés	S.t Jacques	id	12.
de la	Grande-Friperie	Marchés	id	4.

Rues &c.ª	Quartiers.	Nºs de maisons dépendans de chaque quartier	Arrondissemens
du Grand-Hurleur	Porte-St-Denis . .	La totalité	6.
du Grand-Prieuré . . .	Temple . .	id.	6.
du Grand-St-Michel (rue ou de l'impasse)	Porte-St-martin .	id.	5.
de la Grande-Truanderie . . .	Montorgueil .	id.	5.
— Grand-rue-Verte . . .	Roule . .	id.	1.
— Grange-Batelière . . .	Chaussée-d'Antin	id.	2.
— Grange-aux-Belles . . .	Porte-St-martin .	id.	5.
des Gravilliers (passage) . .	St-Martin-des-Champs .	id.	6.
des Gravilliers . . .	St-Martin-des-Champs .	id.	6.
— Greffulhe	Place-Vendôme	id.	1.
de Grenelle (barrière) . . .	Invalides . . .	id.	10.
de Grenelle (chemin de ronde de la barrière)	Invalides . . .	id.	10.
de Grenelle (impasse) . . .	Invalides . . .	id.	10.
de Grenelle St Germain . . .	St Thomas Monnaie . . . Faub.g St Germain . Invalides . .	de 1 à 111 2 à 10 12 à 192 113 à la fin — 194 à la fin	10.
de Grenelle St Honoré . . .	Banque	La totalité	4.
— Greneta (impasse)	Porte-St-Denis . .	id.	6.
— Greneta	Porte-St-Denis .	id.	6.
— Grenier-St-Lazare . . .	Ste-Avoie . . .	id.	7.
du Grenier-au-sel (marché) . .	Faub. St-Antoine . .	id.	8.
— Grenier-sur-l'eau	Hôtel-de-ville . . .	id.	9.
des Grès	Sorbonne . . .	id.	11.
des Grésillons . . .	(aujourd'hui rue de Laborde) . . .		..
— Grétry	Feydeau . .	La totalité.	2.
de la Grève (quai) . . .	Hôtel-de-ville . .	id.	9.
du Gril	St Marcel . .	id.	12.
de la Grognerie (impasse) . . .	Marchés . .	id.	4.
du Gros-Chenet	Montmartre . .	id.	3.

Rues, &c.	Quartiers.	N.os de Maisons dépendantes de chaque quartier	Arrondissemens
dela Grosse-Tête (impasse)	Bonne-Nouvelle	La totalité	5.
— Guéménée (impasse)	Marais	id	8.
— Guénégaud	Monnaie	id	10.
— Guépine (impasse)	Hôtel-de-Ville	id	9.
— Guérin-Boisseau	Porte-St-Denis	id	6.
— Guillaume	Ile-St-Louis	id	9.
des Guillemites	Mont-de-Piété	id	7.
— Guisarde	Luxembourg	id	11.
— Guy-Labrosse	Jardin-du-Roi	id	12.
dela Halle (carreau)	Marchés	id	4.
— Halles (les)	Marchés	id	4.
de Hambourg	Roule	id	1.
de Hanovre	Feydeau	id	2.
de Harlay (Cour)	Palais-de-Justice	id	11.
de Harlay (au Marais)	Marais	id	8.
de Harlay-du-Palais	Palais-de-Justice	id	11.
dela Harpe	Sorbonne École-de-Médecine	N.os impairs N.os pairs	11.
du Haut-Moulin	Cité	La totalité	9.
du Haut-Moulin-du-Temple	Temple	id	6.
du Haut-Pavé	St Jacques	id	12.
— Haute-des-Ursins	Cité	id	9.
— Hautefeuille	École-de-Médecine	id	11.
— Hauteville	Faub. Poissonnière	id	3.
— Hautfort (impasse)	Observatoire	id	12.
du Hazard	Palais-Royal	id	2.
dela Heaumerie (impasse)	Lombards	id	6.
dela Heaumerie	Lombards	id	6.
des Hébrard (ruelle)	Quinze-Vingts	id	8.

Rues, &c.	Quartiers.	Nos. de maisons dépendant de chaque quartier.	Arrondissements
du Helder	Chaussée d'antin	la totalité	2.
— Henri	St martin-des-champs	id	6.
— Henri IV (passage)	Palais-Royal	id	2.
— Hervé (ruelle)	Faub. St Germain	id	10.
— Hillerin-Bertin	St Thomas	id	10.
de l'Hirondelle	École-de-médecine	id	11.
de l'Homme-armé	Mont-de-Piété	id	7.
— Honoré-Chevalier	Luxembourg	id	11.
de l'Hôpital (boulevard)	St Marcel	id	12.
de l'Hôpital (place)	St Marcel	id	12.
de l'Hôpital (pont)	St Marcel	id	12.
de l'Hôpital (port)	St Marcel	id	12.
de l'Hôpital (quai)	St Marcel	id	12.
de l'Hôpital-Général	St Marcel	id	12.
de l'Hôpital-St-Louis (avenue)	Porte-St-martin	id	5
de l'Hôpital-St-Louis	(réunie à la rue Grange-aux-belles)		"
de l'Horloge (cour)	Roule	la totalité	1
de l'Horloge (quai)	Palais-de-Justice	id	11.
de l'Hospice-St-antoine (place)	Quinze-vingts	id	8
des Hospitalières (impasse)	Marais	id	8
des Hospitalières-St-gervais	Marché-St-Jean	id	7
de l'Hôtel-Colbert	St Jacques	id	12.
de l'Hôtel-Dieu (pont)	(voir pont aux Doubles)	"	"
de l'Hôtel-des-Fermes (passage)	Banque	la totalité	4
de l'Hôtel-Lachon (passage)	Cité	id	9
de l'Hôtel-de-Ville (place)	Arcis	Nos impairs	7.
	Hôtel de ville	Nos pairs	9.
de l'Hôtel-de-ville	arsenal	de 1 à 21 — 2 à 6.	9
	hôtel de ville	23 à la fin — 8 à la fin	
du Houssaye	Chaussée-d'antin	la totalité	2.

	Rues, &c.	Quartiers.	Nos de maisons dépendant de chaque Quartier.	Arrondissements.
de la	Huchette	Sorbonne	La totalité	11.
des	Huiles (Entrepôt)	Jardin-du-Roi	id	12.
—	Hulot (passage)	Palais-Royal	id	2
d'	Iéna (pont)	Invalides . . (côté du champ de mars)		10.
		Champs-Élysées. (côté du quai de Billy)		1.
d'	Iéna	Invalides	La totalité	10.
de l'	Industrie (passage)	Faub. St-Denis	id	5.
de l'	Industrie Française (Bazar)	Faub. Poissonnière	id	3.
de l'	Institut (place)	Monnaie	id	10.
des	Invalides (Boulevard)	Invalides	de 1 à 11 — Nos pairs	10.
		St Thomas	13 à la fin	
des	Invalides (esplanade)	Invalides	La totalité	10.
des	Invalides (hôtel)	Invalides	id	10.
des	Invalides (place)	Invalides	id	10.
des	Invalides (pont)	Champs-Élysées (côté du quai de Billy)		1.
		Invalides . . (côté de l'hôtel)		10.
des	Invalides (port)	Invalides	La totalité	10.
des	Irlandais	Observatoire	id	12.
d'	Italie (barrière)	St Marcel	id	12.
des	Italiens (bazar incendié)	Feydeau	id	2.
des	Italiens (boulevard)	Feydeau	Nos impairs	2.
		Chaussée-d'antin	Nos pairs	
des	Italiens (Cité)	Chaussée d'antin	La totalité	2.
des	Italiens (place)	Feydeau	id	2.
d'	Ivry (barrière)	St marcel	id	12.
d'	Ivry (chemin de ronde de la barrière)	St marcel	id	12.
d'	Ivry	St marcel	id	12.
—	Jabach (passage)	Ste avoie	id	7.
—	Jacinthe	St Jacques	id	12.
—	Jacob	Monnaie	id	10.
—	Jacques-De Brosse	hôtel-de-ville	id	9.

Rues, &a.	Quartiers.	Nos. de maisons dépendant de chaque quartier	Arrondissement
du Jardin du Roi (place)	Jardin-du-Roi	La totalité	12.
du Jardin du Roi (pont)	(voir pont d'Austerlitz.)	"	"
du Jardin du Roi	St. Marcel	Nos. impairs. 2 à 16	12.
	Jardin-du-Roi	18 à la fin	
du Jardinet	École-de-Médecine	La totalité	11.
des Jardiniers (impasse)	Popincourt	id	8.
des Jardiniers (impasse ou ruelle)	Quinze-vingts	id	8.
des Jardins	Arsenal	id	9.
des Jardins	Champs-Élysées	id	1.
des Jardins-Poissonnière	Faub. Poissonnière	id	3.
— Jarente	Marais	id	8.
— Jean-Barth	Luxembourg	id	11.
— Jean-de-Beauce	Marchés	id	4.
— Jean-Beausire (impasse)	Marais	id	8.
— Jean-Beausire	Marais	id	8.
— Jean-Bouton (impasse)	Quinze-vingts	id	8.
— Jean-de-l'Épine	Arcis	id	7.
— Jean-Goujon	Champs-Élysées	id	1.
— Jean-Hubert	St. Jacques	id	12.
— Jean-Jacques-Rousseau	St. Eustache	id	3
— Jean-Lantier	Louvre	id	4
— Jean-Pain-Mollet	Arcis	id	7
— Jean-Robert	St. Martin-des-champs	id	6.
— Jean-Tison	St. Honoré	id	4.
— Jeannisson	Palais-Royal	id	2.
de Jemmapes (quai)	Faub. St. Antoine	"	8.
	Popincourt	de 2 à 84	
	Temple	86 à 142.	6
	Porte-St. Martin	143 à la fin	5.
de Jérusalem	Palais-de-Justice	La totalité	11.

Rues, &c.	Quartiers.	N.os de Maisons dépendant de chaque quartier	Arrondissements
du Jeu-de-Boule (passage)	Temple	La totalité	6.
des Jeûneurs	Montmartre	id	3.
de la Joaillerie	Louvre	Nos impairs	4.
	Arcis	Nos pairs	7.
— Joquelet	Mail	La totalité	3.
— Josset (passage)	Faub. St Antoine	id	8.
— Joubert	Place-Vendôme	id	1
du Jour	St Eustache	id	3
de Jouy (carrefour)	Marché-St Jean	"	7.
	Hôtel-de-Ville	"	9.
de Jouy	Hôtel de Ville	La Totalité	9.
de Judas	(aujourd'hui rue du Clos-Bruneau.)		"
des Juifs	Marché St Jean	La totalité	7.
de la Juiverie (cour)	Quinze-vingts	id	8.
de la Juiverie	(réunie à la rue de la Cité)		"
— Julienne	St Marcel	la totalité	12
de la Jussienne	Mail	Nos impairs	3.
	St Eustache	Nos pairs	
de Jussieu	Jardin-du-Roi	La totalité	12
— Kléber	Invalides	id	10.
de Laborde (impasse)	Roule	id	1.
de Laborde (place)	Roule	id	1.
de Laborde	Roule	id	1.
de Laborde (Faub.-Poissonnière)	(aujourd'hui rue de Chabrol.)		"
de La Bourdonnaye (avenue)	Invalides	La totalité	10.
de La Bourdonnaye	Invalides	id	10.
de La Bruyère	Chaussée-d'Antin	id	2
— Lacuée	Quinze vingts	id	8.
— Lafayette (place)	Faub. Poissonnière	id	3
— Lafayette	Faub.-St Denis	de 1 à 25 et 2 à 48.	5
	Faub. Poissonnière	numérotage imparfait	3.

	Rues, &c.	Quartiers.	N.os de Maisons dépendans de chaque quartier.	Arrondissements
—	Laferrière	Chaussée-d'antin	La totalité	2
—	La Feuillade	Banque	N.os impairs	3
		Mail	N.os pairs	3
—	Laffitte (passage)	Chaussée-d'antin	La totalité	2
—	Laffitte	Chaussée d'antin	id	2
—	Laffitte et Caillard (passage)	Banque	id	4
de la	Laiterie (rue) enclos de la Trinité	Porte-St-Denis	id	6
—	Lamoignon (cour)	Palais de Justice	id	11
de	La-mothe-Piquet (avenue)	Invalides	id	10
de	Lancry	Porte-St-Martin	id	5
de la	Lanterne-des-arcis	Arcis	id	7
de la	Lanterne en la cité	(réunie à la rue de la Cité)	"	"
de	Lappe	(aujourd'hui rue Louis-Philippe)		"
au	Lard (impasse)	Marchés	La totalité	4
au	Lard	Marchés	id	4
de	La Reynie	Lombards	id	6
de	La Rochefoucault	Chaussée d'antin	id	2
—	Las-Cases	Faub. St-germain	id	10
—	Latérale de l'Entrepôt	Porte-St-martin	id	5
de	La Tour-d'auvergne (impasse)	Faub.-Montmartre	id	2
de	La Tour d'auvergne	Faub.-Montmartre	id	2
de	Latour-Maubourg (boulevard)	Invalides	id	10
de	Laval-Montmorency	Chaussée d'antin	id	2
des	Lavandières-place-Maubert	St-Jacques	id	12
des	Lavandières-Ste-opportune	Louvre	De 1 à 17 — 2 à 16	4
		Marchés	18 à la fin	
		St-honoré	19 à la fin	
—	Lavoisier	Roule	La totalité	1
—	La Vrillière	Banque	id	4
—	Leclerc	Observatoire	id	12

	Rues, &c.a	Quartiers.	Nos de maisons dépendant de chaque quartier.	Arrondissements
du	Legat (place)	(voir Marché aux Pommes de terre)		"
aux	Legumes secs (halle)	Banque	la totalité	4.
—	Lemoine (passage)	Porte-St-Denis	id	6.
—	Lenoir (marché)	Quinze-Vingts	id	8.
—	Lenoir-St-antoine	Quinze-Vingts	id	8.
—	Lenoir-St-honoré	Marchés	id	4.
—	Lepelletier	Chaussée d'antin	id	2.
—	Lesdiguières	Arsenal	id	9.
de la	Levrette	(fait aujourd'hui partie de la rue Lobau)		"
de la	Licorne	Cité	la totalité	9.
des	Lilas (ruelle)	Popincourt	id	8.
de	Lille	Faub. St-germain	id	10.
de la	Limace (carrefour)	St honoré	id	4.
de la	Limace	St honoré	id	4.
[illegible]	Limoges	Mont-de-Piété	id	7.
de la	Lingerie	Marchés	id	4.
des	Lions-St-Paul	Arsenal	id	9.
de	Lisbonne	Roule	id	1.
—	Lobau	Hôtel-de-ville	id	9.
—	Lobineau	Luxembourg	id	11.
des	Lombards	Lombards	id	6.
de	Londres	Roule	id	1.
de	Longchamp (barrière)	Champs-Elysées	id	1.
de	Longchamp (Ch.in de ronde de la barrière)	Champs-Elysées	id	1.
de	Longchamp	Champs-Elysées	id	1.
[illegible]	Longpont	(aujourd'hui rue Jacques de Brosse)		"
de la	Longue-allée (passage)	Porte St-Denis	la totalité	6.
—	Longue-avoine (impasse)	Observatoire	id	12.
de	Lord-Byron (avenue)	Champs-Elysées	id	1.

Rues, &c.	Quartiers	Nos de maisons dépendant de chaque quartier	Arrondissements
de Lorette	Luxembourg	La totalité	11.
— Louis-dix-huit (quai)	(aujourd'hui quai Valmy)		"
— Louis-le-Grand	Place-Vendôme Feydeau	Nos impairs Nos pairs	1. 2.
— Louis-Philippe (pont)	Hôtel-de-ville Ile-St Louis Cité	(au nord) (au midi)	9.
— Louis-Philippe	Popincourt Faub. St Antoine	Nos impairs Nos pairs	8.
— Louis-Seize	(aujourd'hui pont de la Concorde)		"
de Lourcine (barrière)	St Marcel	La totalité	12.
de Lourcine	St Marcel Observatoire	Nos impairs Nos pairs	12
— Louviers (île)	Arsenal	La totalité	9.
de Louvois (place)	(aujourd'hui place Richelieu)		"
de Louvois	Feydeau	La totalité	2.
du Louvre (place)	Louvre St Honoré	de 2 à 10 12 à 24	4.
du Louvre (pont)	Tuileries Faub. St Germain	(au nord) (au midi)	1. 10.
du Louvre (quai)	Louvre	La totalité	4.
de Lowendal (avenue)	Invalides	id	10.
de Lubeck	Champs-Elysées	id	1.
de Lulli	Feydeau	id	2.
de la Lune	Bonne-nouvelle	id	5.
du Lycée (passage)	Palais-Royal	id	2.
des Lyonnais	Observatoire	id	12.
— Mabillon	Luxembourg	id	11.
— Macon	Ecole-de-Médecine	id	11.
des Maçons	Sorbonne	id	11.
" Madame	Luxembourg	id	11.
de la Madeleine (boulevard)	Place-Vendôme	id	1.

Rues, &a.		Quartiers.	Nos de maisons dépendans de chaque quartier.	[illegible]
de la	Madeleine (passages)	Cité Place Vendôme	la totalité id	9. 1.
de la	Madeleine (place)	Place Vendôme	id	1.
de la	Madeleine	Roule Place-Vendôme	Nos impairs Nos pairs	1
de	Madrid	Roule	la totalité	1.
des	Magasins	Faub. Poissonnière	id	3.
—	Mail (le)	(voir port aux fruits)	"	"
du	Mail	Mail	la totalité	3.
de la	Main-d'or (cour)	Faub. St Antoine	id	8.
du	Maine (barrière)	Luxembourg	id	11.
du	Maine (chaussée)	Luxembourg	id	11.
du	Maine (chemin de ronde de la barrière)	Luxembourg	id	11.
au	Maire (passage)	St Martin-des-champs	id	6.
au	Maire	St martin des champs	id	6.
des	Maisons-neuves	(réunie à la rue d'Astorg)	"	
—	Malaquais (quai)	Monnaie	la totalité	10.
—	Malar	Invalides	id	10.
—	Malesherbes (boulevard projeté)	Roule Place-vendôme	partie partie	1.
—	Mallebranche (impasse)	(Voir impasse du passage Condorcet)		"
de	Malte (cour)	Palais Royal	la totalité	2.
de	Malte	Temple	id	6.
—	Mandar	St Eustache Montmartre	Nos impairs Nos pairs	3.
des	Marais (entrepôt)	Porte-St martin	la totalité	5.
des	Marais-St-germain	Monnaie	id	10.
des	Marais-du-Temple	Porte St martin	id	5.
—	Marbeuf (allée)	Champs-Élysées	id	1.
—	Marbeuf	Champs Élysées	id	1.
—	Marchand (passage) (cloître St honoré)	Banque	id	4.
de la	Marche	Mont-de-piété	id	7.

	Rues, &c.a	Quartiers.	N.os de maisons dépendant de chaque quartier	[illegible]
du	Marché de l'Abbaye (carrefour)	Monnaie . . .	"	10.
		Luxembourg . . .	"	11
du	Marché d'Aguesseau . . .	Roule	La totalité	1
du	Marché Beauveau (place) .	Quinze-Vingts . . .	id	8
du	Marché aux chevaux (impasse) .	St Marcel	id	12.
du	Marché aux Chevaux (place) . .	St Marcel	id	12.
du	Marché aux chevaux	St Marcel	id	12.
du	Marché aux fleurs	Cité	id	9.
du	Marché des Innocens (place) .	Marchés	id	4.
du	Marché des Innocens	(voir rue du charnier des Innocens) .		"
—	Marché-Neuf (le)	Cité	La totalité	9.
du	Marché-Neuf (quai, ci-dev.t rue)	Cité	id	9.
du	Marché-Palu	(réunie à la rue de la Cité) " . . .		"
du	Marché des Patriarches (passage)	St Marcel	La totalité	12.
du	Marché aux Poirées . . .	Marchés	id	4.
du	Marché-Popincourt	Popincourt	id	8.
du	Marché Ste catherine (place)	Marais	id	8.
du	Marché St honoré	Palais-Royal . .	id	2.
du	Marché St Jean (place)	Marché-St-Jean . .	id	7.
du	Marché St Laurent	Faub. St Denis . .	id	5.
du	Marché St martin	St martin-des-champs .	id	6.
du	Marché à la verdure (place) . .	Marchés	id	4.
—	Marcq-Foy	Porte St martin . .	id	5.
—	Marie (pont)	Arsenal . . .	(au nord) . .	9.
		hôtel-de-ville . . .		
		Ile-St-Louis . . .	(au midi . .	
—	Marie-stuart	Montorgueil . . .	La totalité	5.
de	Marigny (avenue)	Champs-Elysées . .	id	1.
de	Marigny (carré)	Champs-Elysées . .	id	1.
de	Marivaux des Italiens . . .	Feydeau	id	2.

	Rues, &ca.	Quartiers.	Nos de maisons dépendans de chaque quartier.	
de	Marivaux des Lombards . . .	Lombards . . .	La totalité	6.
la	Marmite (passage) . . .	St-Martin-des-champs.	id	6.
des	Marmouzets	Cité	id	9.
fos	Marmouzets St-Marcel . .	St Marcel . . .	id	12.
—	Marsollier	Feydeau	id	2.
—	Martel	Faub. Poissonnière .	id	3.
—	Martignac	Faub. St-Germain . .	id	10.
des	Martyrs (barrière) . . .	Faub. Montmartre — à droite Chaussée d'antin — à gauche	en sortant	2. 2.
des	Martyrs (chemin de ronde de la barrière)	Chaussée d'antin	La totalité . .	2.
des	Martyrs	Chaussée d'antin Faub. Montmartre	Nos impairs Nos pairs	2.
—	Masseran	Invalides . . .	La totalité	10.
—	Massillon	Cité	id	9.
des	Mathurins St-Jacques . . .	Sorbonne	id	11.
—	Matignon (place) . . .	Champs-Elysées . .	id	1.
—	Matignon	Champs Elysées . .	id	1.
—	Maubert (place)	St Jacques	id	12.
—	Maubué	Ste avoie	id	7.
—	Mauconseil (impasse) . .	Montorgueil . . .	id	5.
—	Mauconseil	Montorgueil . . .	id	5.
du	Maure	Ste avoie	id	7.
des	Mauvais-garçons	Monnaie	id	10.
des	Mauvais-garçons-St-Jean . .	Marché St-Jean . .	id	7.
des	Mauvaises-Paroles . . .	St honoré	id	4.
—	Mazagran	Faub-Poissonnière .	id	3.
—	Mazarine	Monnaie	id	10.
—	Mazas (place)	Quinze-vingts . .	id	8.
des	Mécaniques	Porte-St-Denis . .	id	6.
—	Méchain	Observatoire . . .	id	12.

	Rues, &c.ª	Quartiers.	Nºs de maisons dépendans de chaque quartier.	Arrondissemens.
de la	Mégisserie (quai)	Louvre	La totalité	4.
—	Méhul	Feydeau	id	2.
—	Ménars	Feydeau	id	2.
des	Ménétriers	(prise par la rue Rambuteau)		"
de	Ménilmontant (barrière)	Popincourt — à droite / Temple — à gauche	en sortant	8. / 6.
de	Ménilmontant (chemin de ronde de la barrière)	Popincourt	La totalité	8.
de	Ménilmontant (impasse)	Popincourt	id	8.
de	Ménilmontant	Temple / Popincourt	Nºs impairs / Nºs pairs	6. / 8.
—	Mercier	Banque	La totalité	4.
—	Meslay	St Martin-des-champs	id	6.
des	Messageries	Faub. Poissonnière	id	5.
des	Messageries Royales (passage)	Mail	id	3.
de	Messine	Roule	id	1.
des	Métiers (rue) enclos de la trinité	Porte-St-Denis	id	6.
—	Mézière	Luxembourg	id	11.
—	Michel-le-comte	Ste avoie	id	7.
de la	Michodière	Feydeau	id	2.
—	Mignon	École-de-médecine	id	11.
de	Milan	Roule	id	1.
du	Milieu-des-ursins	Cité	id	9.
des	Minimes	Marais	id	8.
des	Miracles (Cour)	Bonne-nouvelle	id	5.
de	Miromesnil	Roule	id	1.
des	Moineaux	Palais-Royal	id	2.
—	Molay	Mont-de-Piété	id	7.
—	Molière (passage)	Lombards	id	6.
—	Molière	École-de-Médecine	id	11.
de	Monceau (barrière)	Roule	id	1.

Rues, &c.	Quartiers.	Nos de maison dépendant de chaque quartier.	Arrondissemens.
Monceau	Roule	La totalité	1.
Monceau-St Gervais	(aujourd'hui rue François Miron)		"
Mondétour	Marchés	de 1 à 17 — 2 à 6	4.
	Montorgueil	19 à la fin — 8 à la fin	5.
Mondovi	Tuileries	La totalité	1.
Mongolfier	St Martin-des-champs	id	6.
Monnaie	Louvre	id	4.
Monsieur	St Thomas	id	10
Monsieur-le-Prince	École-de-Médecine	id	11
Monsigny	Feydeau	id	2
Mont-Blanc	(aujourd'hui rue de la Chaussée d'Antin)		"
Mont-Gallet	Quinze-Vingts	La totalité	8.
Mont-Parnasse (barrière)	Luxembourg	id	11.
Mont-Parnasse (boulevard)	St Thomas	de 1 à 13 — 2 à 8	10
	Luxembourg	15 à 83 — 10 à 50	11.
	Observatoire	double No. 40 seul	12.
Mont-Parnasse (butte)	Luxembourg	La totalité	11.
Mont-Parnasse (chemin de ronde de la barrière)	Luxembourg	id	11.
Mont-Parnasse (impasse)	(voir impasse des Grisettes)	"	"
Mont-Parnasse	Luxembourg	La totalité	11.
Mont-St Hilaire	St Jacques	id	12.
Mont-Thabor	Tuileries	id	1.
Montagne-Ste Geneviève	Jardin-du-Roi	de 1 à 75	12.
	St Jacques	77 à la fin — Nos pairs	
Montaigne	Champs-Elysées	La totalité	1
Montesquieu (passage)	Banque	id	4.
Montesquieu	Banque	id	4
Montfaucon	Luxembourg	id	11
Montholon (carrefour)	Faub. Montmartre	id	2.

	Rues, &a.	Quartiers.	Nos de maisons dépendans de chaque quartier.	[illegible]
—	Montholon	Faub. Montmartre . .	la totalité	2.
—	Montmartre ou Pigalle (barrière)	Chaussée-d'antin . .	id	2.
—	Montmartre (boulevard) . .	Feydeau	Nos impairs	2.
		Chaussée-d'antin . .	Nos pairs	
—	Montmartre (Chin de ronde de la barrière)	Chaussée-d'antin . .	La totalité	2.
—	Montmartre (galerie) [passage des panoramas]	Feydeau	id	2.
—	Montmartre	St Eustache . . .	de 1 à 49 – 2 à 72.	3.
		Mail	51 à 141	
		Feydeau	143 à la fin	2
		Montmartre . . .	74 à la fin	3
de	Montmorency	Ste Avoie	La totalité	7.
—	Montorgueil	St Eustache . . .	de 1 à 59	3.
		Montmartre . . .	61 à la fin	
		Montorgueil . . .	Nos pairs	5.
—	Montpensier (passage) . .	Palais-Royal . .	La totalité	2.
—	Montpensier	Palais-Royal . .	id	2.
—	Montpensier	Tuileries . . .	id	1.
de	Montreuil (barrière) . .	Faub. St Antoine . .	id	8.
de	Montreuil (campagne) . .	Faub. St Antoine . .	id	8.
de	Montreuil (Chin de ronde de la barrière)	Faub. St Antoine . .	id	8.
de	Montreuil	Faub. St Antoine . .	id	8.
—	Moreau	Quinze-Vingts . .	id	8.
—	Morland (place) . . .	Arsenal	id	9.
—	Morland (quai) . . .	Arsenal	id	9.
de	Mortagne (impasse) . . .	Popincourt . . .	id	8
de la	Mortellerie	(aujourd'hui rue de l'hôtel de ville) . .		..
des	Morts	(aujourd'hui rue des Écluses) . . .		..
—	Mouffetard	Jardin du Roi . . .	De 1 à 89	12.
		St Jacques	2 à 14	
		Observatoire . . .	16 à 154.	
		St Marcel	91 à la fin – 156 à la fin	

Rues, &c.a	Quartiers.	N.os de maisons dépendantes de chaque quartier.	Arrondissements.
du Moulin-Joli (ruelle) . . .	Temple	La totalité	6
des Moulins	Palais-Royal . .	id	2.
des Moulins-Picpus . . .	Quinze-vingts . .	id	8.
de Moussy	Marché-St-Jean . .	id	7.
du Mouton	Arcis	N.os impairs	7.
	Hôtel-de-ville . . .	N.os pairs	9.
de la Muette	Popincourt . . .	la totalité	8.
des Mulets (ruelle)	Palais-Royal . .	id	2.
de Munich	Roule	id	1.
du Mûrier	Jardin-du-Roi . .	id	12.
du Musée (place)	Tuileries	"	1
	Louvre	"	4
du Musée	Tuileries	N.os impairs	1.
	St Honoré	N.os pairs	4
de Naples	Roule	La totalité	1.
—— Napoléon (quai) . . .	Cité	id	9.
de Navarin	Chaussée d'Antin .	id	2.
de Nazareth	Palais-de-Justice .	id	11.
—— Necker	Marais	id	8.
de Nemours (galerie)	Palais-Royal . .	id	2.
de Nemours	Temple	id	6.
de Neuilly (avenue)	Champs-Élysées	id	1.
de Neuilly (barrière)	Champs-Élysées .	id	1.
de Neuilly (chemin de ronde de la barrière)	Champs-Élysées . .	id	1.
—— Neuve d'Angoulême . . .	Temple . . .	id	6.
—— Neuve de Berry	Champs-Élysées . .	id	1.
—— Neuve des bons enfants . . .	Palais-Royal	N.os impairs	2
	Banque	N.os pairs	4.
—— Neuve-Bourg l'Abbé	Porte St Denis	La totalité	6
—— Neuve-Bréda	Chaussée d'Antin	id	2
—— Neuve de Bretagne (impasse de la rue)	(voir impasse de la rue Neuve-Ménilmontant)		

Rues, &c.ª	Quartiers.	N.os de maisons dépendans de chaque quartier.
— Neuve-de-Bretagne . . .	Marais . . .	La totalité
— Neuve-des-Capucins . . .	Place-Vendôme . .	id
— Neuve-de-Chabrol . . .	Faub. St. Denis . .	id
— Neuve-du-Colombier . . .	Marais . .	id
— Neuve-Coquenard . . .	Faub. Montmartre	id
— Neuve-de-la-Fidelité . .	Faub. St. Denis . .	id
— Neuve-Guillemain . . .	Luxembourg . .	id
— Neuve-de-Lappe . . .	Popincourt . . .	id
— Neuve-de-Luxembourg . . .	Tuileries . . . . Place-Vendôme . .	de 1 à 5 – 2 à 12 7 à la fin – 14 à la fin
— Neuve-de-Madame . . .	(réunie à la rue de Madame)	
— Neuve-Malar	Invalides . . .	La totalité
— Neuve-des-Mathurins . .	Place-Vendôme . . Roule	de 1 à 91 – 2 à 102. 93 à la fin – 104 à la fin
— Neuve-Menilmontant (impasse de la rue)	Marais	La totalité
— Neuve-Menilmontant . .	Marais	id
— Neuve-de-Montmorency . .	Feydeau	id
— Neuve-Notre-Dame . .	Cité	id
— Neuve-des-Petits-champs . .	Palais-Royal . . . Mail . . . . . Feydeau . . . Place-Vendôme .	N.os impairs de 2 à 6. 8 à 72 74 à la fin
— Neuve-des-Petits-Pères . .	Mail	La totalité
— Neuve-Plumet . . .	Invalides . . .	id
— Neuve-des-Poirées . .	Sorbonne . . .	id
— Neuve-Popincourt . .	Popincourt . .	id
— Neuve-Richelieu . . .	Sorbonne . . .	id
— Neuve-St. Anastase . .	Arsenal . . .	id
— Neuve-St. Augustin . . .	Feydeau . . . Place-Vendôme .	de 1 à 41 – 2 à 92 43 à la fin – 94 à la fin
— Neuve-Ste. Catherine . . .	Marais . . . Marché-St.-Jean .	de 1 à 23 – N.os pairs le n.º 25.

Rues, &a.	Quartiers.	Nos de maisons dépendant de chaque quartier.	Arrondissements
Neuve-Ste Croix	(voir rue Ste Croix) .	"	"
Neuve-St Denis (passage ou ruelle de la rue)	(voir passage de la longue-allée)	"	"
Neuve-St Denis	Porte-St Denis .	La totalité	6.
Neuve-St Étienne-Bonne-Nouvelle	Bonne-Nouvelle . .	id	5.
Neuve-St Étienne-St Marcel . .	Jardin-du-Roi . . .	id	12.
Neuve-St Eustache	Montmartre . . .	id	3.
Neuve-St François	Marais	id	8.
Neuve-Ste Geneviève	Observatoire . . .	id	12.
Neuve-St Georges	Chaussée-d'antin .	id	2.
Neuve-St Gilles	Marais	id	8.
Neuve-St Jean	Faub.-St Denis . . .	id	5.
Neuve-St Laurent	St Martin-des-champs	id	6.
Neuve-St Marc	Feydeau	id	2.
Neuve-St Martin	St Martin-des-champs.	id	6.
Neuve-St Maur	Popincourt	id	8.
Neuve-St Médard	Jardin-du-Roi . . .	id	12.
Neuve-St Merri	Ste Avoie	id	7.
Neuve-St Nicolas	Porte-St Martin . . .	id	5.
Neuve-St Paul	Arsenal	id	9.
Neuve-St Pierre	Marais	id	8.
Neuve-St Roch	Palais-Royal . . .	id	2.
Neuve-St Sauveur	Bonne-Nouvelle . .	id	5.
Neuve-Sanson	Porte-St Martin . .	id	5.
Neuve-Soufflot (projetée) . .	Sorbonne	id	11.
Nevers (impasse)	Monnaie	id	10.
Nevers	Monnaie	id	10.
Newton	Champs-Élysées . .	id	1.
Nicolet	[illegible]	id	10
Noir (passage)	Palais-Royal . . .	id	2

Rues, &c.	Quartiers.	N.os des maisons dépendant de chaque quartier.
des Nonaindières	Hôtel-de-ville Arsenal	N.os impairs N.os pairs
du Nord	Faub. Poissonnière	La totalité
de Normandie	Temple	id
— Notre-Dame (cloître)	Cité	id
— Notre-Dame (pont)	Arcis Cité	(au nord) (au midi)
— Notre-Dame-de-Bonne-nouvelle	Bonne-Nouvelle	La totalité
— Notre-Dame-des-champs	Luxembourg	id
— Notre-Dame-de-Grâce	Roule	id
— Notre-Dame-de-Lorette	Chaussée-d'Antin	id
— Notre-Dame-de-Nazareth	St Martin-des-champs	id
— Notre-Dame-de-Reconnaissance	Bonne-nouvelle	id
— Notre-Dame-des-Victoires	Mail Feydeau	N.os pairs – dos à 15 bis le surplus
des Noyers (passage)	St Jacques	La totalité
des Noyers	St Jacques	id
— Oblin	Banque	id
de l'Observance	École-de-médecine	id
de l'Observatoire (avenue)	Observatoire	id
de l'Observatoire (carrefour)	Luxembourg	id
de l'Odéon (carrefour)	École-de-Médecine Luxembourg	N.os impairs N.os pairs
de l'Odéon (place)	École-de-médecine	La totalité
de l'Odéon	École-de-Médecine	id
— Oginard	Lombards	id
des Oiseaux	Mont-de-Piété	id
d'Olivet	St Thomas	id
— Olivier St Georges	Chaussée-d'antin	id
de l'Opéra (galeries et passages)	Chaussée-d'antin	id

Rues, &c.ª	Quartiers	Nos de maisons dépendant de chaque quartier	[illegible]
Orangerie	St Marcel	La totalité	12.
Oratoire du Louvre (place)	St Honoré	id	4
Oratoire du Louvre	St Honoré	id	4.
Oratoire du Roule	Champs-Elysées	id	1.
Orçay (pont)	Faub. St Germain	id	10.
Orçay (quai)	Faub. St Germain Invalides	de 1 à 35 37 à la fin.	10
Orfèvres (quai)	Palais-de-Justice	La totalité	11.
Orfèvres	Louvre	id	4.
Orillon	Temple	id	6.
Orléans (cité)	Faub. St Denis	id	5.
Orléans (galerie)	Palais-Royal	id	2.
Orléans (quai)	Ile-St-Louis	id	9.
Orléans (au marais)	Mont-de-Piété	id	7.
Orléans-St Honoré	Banque	id	4.
Orléans-St Marcel	St Marcel	id	12.
Orme (carrefour)	Hôtel-de-ville	id	9.
Orme	Arsenal	id	9.
Ormeaux	Faub. St Antoine	id	8.
Ormes (avenue)	Faub. St Antoine	id	8.
Ormes (quai)	Arsenal Hôtel-de-ville	de 2 à 24 26 à la fin.	9.
Ormesson	Marais	La totalité	8.
Orsay (pont et quai)	(Voir le mot Orçay)	"	"
Orties	Palais-Royal	La totalité	2.
Oseille	Marais	id	8.
Ouest	Luxembourg	id	11.
Ours	Lombards Porte-St-Denis	Nos impairs Nos pairs	6
Oursine (barrière et rue)	(Voir au mot Lourcine)	"	"

Rues, &c.	Quartiers.	Nos de maisons dépendant de chaque quartier.	Arrondissemens.
—— Pagevin	Mail	La totalité	3.
aux Paillassons (barrière)	Invalides	id	10.
des Paillassons (Ch^min de ronde de la barrière)	Invalides	id	10.
aux Paillassons (ruelle)	Invalides	id	10.
de la Paix	Place-Vendôme	id	1.
du Palais-Bourbon (place)	Faub.-St-Germain Invalides	85 à 91 } de la rue de 93 à 101 } l'Université	10. 10.
du Palais-de-Justice (cour et passage)	Palais-de-Justice	La totalité	11.
du Palais-de-Justice (place)	Cité	id	9.
du Palais-Royal (place)	St Honoré Tuileries	229 à 231 } de la rue 233 à 243 } St Honoré	4. 1.
—— Palatine	Luxembourg	La totalité	11.
du Panier-fleuri (passage)	St Honoré	id	4.
des Panoramas (passage)	Feydeau	id	2.
du Panthéon (place)	St Jacques	id	12.
de Pantin (barrière)	Porte-St-Martin	id	5.
de Pantin (Chemin de ronde de la barrière)	Porte-St-Martin	id	5.
du Paon-St-André (impasse)	École-de-Médecine	id	11.
du Paon-St-André	École-de-Médecine	id	11.
du Paon-St-Victor	Jardin-du-Roi	id	12.
—— Papillon	Faub. Montmartre	id	2.
de Paradis (au Marais)	Mont-de-Piété	id	7.
de Paradis-Poissonnière	Faub. Poissonnière	id	3.
du Parc-Royal	Marais	id	8.
de la Parcheminerie	Sorbonne	id	11.
de Paris	Roule	id	1.
—— Parmentier (avenue)	Popincourt	id	8.
du Parvis-Notre-Dame (place)	Cité	id	9.
du Pas-de-la-Mule	Marais	id	8.
—— Pascal	St Marcel	id	12.

	Rues, &c.a	Quartiers	Nos de Maisons dépendans de chaque quartier	[illegible]
du	Passage-Cendrier (impasse)	Place Vendôme	la totalité	1.
de	Passy (barrière)	Champs-Elysées	id	1.
—	Pastourel	Mont-de-Piété	id	7.
des	Patriarches (marché ou rue)	St Marcel	id	12.
—	Pauquet	Champs-Elysées	id	1.
—	Pavée (au Marais)	Marché St Jean	id	7.
—	Pavée-St André-des-arts	Ecole-de-Médecine	id	11.
—	Pavée St Sauveur	Montorgueil	id	5.
des	Pavillons (passage)	Palais-Royal	id	2.
—	Payenne	Marais	id	8
—	Pecquay (passage)	Mont-de-Piété	id	7.
des	Peintres (impasse)	Porte-St Denis	id	6.
—	Pelées (ruelle)	Popincourt	id	8.
des	Pélerins-St Jacques	Montorgueil	id	5.
du	Pélican	Banque	id	4.
de la	Pelleterie	Cité	id	9.
—	Pelletier (quai)	Arcis	id	7.
de la	Pépinière	Roule	id	1.
—	Percée	Temple	id	6.
—	Percée-St André	Ecole-de-Médecine	id	11.
—	Percée-St Paul	Arsenal	id	9.
du	Perche	Mont-de-Piété	id	7.
—	Perdue	St Jacques	id	12.
—	Pérignon	Invalides	id	10.
de	Périgueux	Temple	id	6.
de la	Perle	Marais	id	8.
de	Perpignan	Cité	id	9.
—	Perrée	Temple	id	6.
—	Perrin-Gasselin	Louvre Marchés	Nos impairs Nos pairs	4.

Rues, &c.ª		Quartiers	Nos. de maisons dépendant de chaque quartier	Arrondissemens
—	Petite-rue-des-Acacias	Invalides	La totalité	10.
des	Petits-Augustins	Monnaie	id	10.
—	Petite-rue d'Austerlitz	St. Marcel	id	12.
—	Petite-rue du Bac	St. Thomas	id	10.
du	Petit-Banquier	St. Marcel	id	12
de la	Petite-Bastille (impasse)	Louvre	id	4.
de la	Petite-Boucherie (passage et rue)	Monnaie	id	10.
au	Petit-Bourbon	Luxembourg	id	11.
du	Petit-Carreau	Montmartre	Nos. impairs	3.
		Montorgueil	De 2 à 22	5
		Bonne-Nouvelle	24 à la fin	5
de la	Petite-Chaise (passage)	Arcis	La totalité	7
du	Petit-Champ	St. Marcel	id	12
des	Petits-champs St. Martin	Ste. Avoie	id	7.
—	Petite-rue-Chevert	Invalides	id	10.
de la	Petite-Corderie (cour)	(voir au mot Corderie)	"	"
de la	Petite-Corderie	Temple	La totalité	6.
du	Petit-Crucifix	Lombards	id	6.
des	Petites-Écuries (cour et passage)	Faub. Poissonnière	id	3.
des	Petites-Écuries	Faub. Poissonnière	id	3.
de la	Petite-Friperie	Marchés	id	4.
des	Petits-hôtels	Faub. Poissonnière	id	3.
du	Petit-hurleur	Porte St. Denis	id	6.
—	Petite rue d'Ivry	(Voir rue d'Ivry)	"	"
—	Petite-rue-La-Veillère	(aujourd'hui rue de la Banque)		"
du	Petit-Lion-St.-Sauveur	Montorgueil	La totalité	5.
du	Petit-Lion-St.-Sulpice	Luxembourg	id	11.
—	Petite-rue-Mademoiselle	St. Thomas	id	10.
—	Petite rue de Marivaux	Lombards	id	6.
du	Petit-Moine	St. Marcel	id.	12.

Rues, &c.ª		Quartiers.	Nºs de Maisons dépendans de chaque quartier.	Arrondissemens
du	Petit-Musc	Arsenal	La totalité	9.
—	Petite-rue-Neuve-St-Gilles	(réunie à la rue des Tournelles)	"	"
des	Petits-Pères (carrefour)	Mail	La totalité	3.
des	Petits-Pères (passage)	Mail	id.	3.
des	Petits-Pères (place)	Mail	id.	3.
—	Petit-Pont (le)	Cité	id.	9
du	Petit-Pont	St Jacques	Nºs impairs	12.
		Sorbonne	Nºs pairs.	11
du	Petit-Reposoir	Mail	La totalité	3.
de la	Petite-rue de Reuilly (impasse)	Quinze-Vingts	id.	8.
—	Petite-rue de Reuilly	Quinze-Vingts	id.	8.
du	Petit-St-Antoine (passage)	Marché St Jean	id.	7.
—	Petite-rue-St-Pierre	Popincourt	id.	8.
—	Petite-rue-Taranne	Monnaie	id.	10.
du	Petit-Thouars	Temple	id.	6
de la	Petite-Truanderie	Montorgueil	id.	5.
—	Petite-rue-Verte	Roule	id.	1
—	Pétrelle	Faub. Montmartre	id.	2.
—	Phélippeaux	St Martin-des-champs	id.	6.
—	Philibert (cour)	Temple	id.	6
de	Picpus (barrière)	Quinze-Vingts	id.	8.
de	Picpus (chemin de ronde de la barrière)	Quinze-Vingts	id.	8.
de	Picpus	Quinze-Vingts	id.	8.
—	Pierre-assis	St Marcel	id.	12.
—	Pierre-au-lard	Ste Avoie	id.	7.
—	Pierre-Lescot	St Honoré	id.	4.
—	Pierre-Levée	Temple	id.	6.
—	Pierre-Lombard	St Marcel	id.	12.
—	Pierre-à-Poisson	Louvre	id.	4.

Rues, &c.a	Quartiers.	N.os des Maisons dépendantes de chaque quartier.	Arrondissements.
— Pierre Sarrazin	École-de-Médecine	La totalité	11.
aux Pierres-St Leu (port)	Champs-Élysées	id	1.
— Pigalle (barrière et chemin de ronde).	(voir au mot Montmartre)		"
— Pigalle	Chaussée-d'Antin	La totalité	2.
des Piliers-Potiers-d'Étain	Marchés	id	4.
— Pinon	Chaussée-d'Antin	id	2.
— Pirouette	Montorgueil	N.os impairs	5.
	Marchés	N.os pairs	4.
de la Pitié (carrefour)	Jardin-du-Roi	La totalité	12.
de la Planche	St Thomas	id	10.
— Planche-Mibray	Arcis	id	7.
de la Planchette (impasse)	St Martin-des-Champs	id	6.
de la Planchette (place)	Quinze-vingts	id	8.
de la Planchette	Quinze-vingts	id	8.
du Plat-d'Étain	St Honoré	id	4.
du Plâtre-Ste Avoie	Mont-de-Piété	id	7.
du Plâtre-St Jacques	St Jacques	id	12.
— Plumets (impasse)	St Thomas	id	10.
— Plumets	St Thomas	id	10.
de la Pointe-St Eustache	St Eustache	N.os impairs	3.
	Montorgueil	N.os pairs	5.
des Poirées	Sorbonne	La totalité	11.
du Poirier	Ste Avoie	id	7.
de la Poissonnerie (impasse)	Marais	id	8.
— Poissonnière (barrière et ch.in de ronde)	(voir au mot Télégraphe)	"	"
— Poissonnière (boulevard)	Montmartre	N.os impairs	3.
	Faub. Montmartre	N.os pairs	2.
— Poissonnière	Montmartre	N.os impairs	3.
	Bonne-Nouvelle	N.os pairs	5.
de Poissy	Jardin-du-Roi	La totalité	12.
des Poitevins	École-de-Médecine	id	11.

	Rues, &c.a	Quartiers.	N.os de maisons dépendant de chaque quartier.	[illegible]
de	Poitiers	Faub. St Germain	La totalité	10.
de	Poitou	Mont-de-Piété	id	7.
—	Poliveau	St Marcel	id	12.
—	Poliveau (ruelle)	St Marcel	id	12.
aux	Pommes de terre (marché)	Marchés	id	4.
de la	Pompe (impasse)	Porte-St Martin	id	5.
de la	Pompe (passage) [rue St Honoré]	Banque	id	4.
de la	Pompe	St Marcel	id	12.
de la	Pompe-à-feu (passage)	Champs-Elysées	id	1.
du	Ponceau (passage)	Porte-St Denis	id	6.
du	Ponceau	Porte-St Denis	id	6.
du	Pont-aux-Biches-St Marcel	St Marcel	id	12.
du	Pont-aux-Biches-St Martin	St Martin-des-Champs	id	6.
du	Pont-aux-Choux	Marais	id	8.
du	Pont-de-Lodi	École de Médecine	id	11.
du	Pont-Louis-Philippe	Hôtel-de-Ville	id	9.
du	Pont-Neuf (passage)	Monnaie	id	10.
du	Pont-Neuf (place)	Palais-de-Justice	id	11.
—	Pont-Neuf (le)	Louvre	(au nord)	4.
		Palais-de-Justice	(au midi)	11.
—	Pont-Royal (le)	Tuileries	(au nord)	1.
		Faub. St Germain	(au midi)	10.
du	Pont-St Michel (place)	École de Médecine	de 44 à 54.	11
		Sorbonne	43 et 45.	
de	Ponthieu	Champs-Elysées	La totalité	1.
de	Pontoise	Jardin-du-Roi	id	12.
—	Popincourt (impasse)	Popincourt	id	8.
—	Popincourt	Popincourt	id	8.
des	Porcherons (carrefour)	Faub.-Montmartre	id	2.
du	Port-Mahon	Feydeau	id	2.

	Rues, &c.ª	Quartiers.	Nos de Maisons dépendans de chaque quartier.	Arrondissemens.
de la	Porte-St Antoine (Place)	Faub-St Antoine	〃	8.
		Marais	〃	
		Arsenal	〃	9.
—	Portefoin	Mont-de-Piété	La totalité	7.
des	Postes	Observatoire	id	12.
du	Pot-de-fer-St Marcel	Observatoire	id	12.
du	Pot-de-fer-St Sulpice	Luxembourg	id	11.
de la	Poterie-des-Arcis	Arcis	id	7.
de la	Poterie-des-halles	Marchés	id	4.
des	Poules	Observatoire	id	12.
des	Poulies	St honoré	id	4.
—	Poullétier	Ile St Louis	id	9.
—	Poupée	École de Médecine	id	11.
du	Pourtour-St Gervais	hôtel-de-Ville	id	9.
du	Prado (passages)	Cité	id	9.
des	Prêcheurs	Marchés	id	4.
des	Prêtres St Étienne-du-mont	St Jacques	id	12.
des	Prêtres-St Germain l'auxerrois	Louvre	id	4.
des	Prêtres-St Paul	Arsenal	id	9.
des	Prêtres-St Severin	Sorbonne	id	11.
—	Princesse	Luxembourg	id	11.
du	Prix-Fixe (passage)	Palais-Royal	id	2.
des	Prouvaires (marché)	St Eustache	id	3.
des	Prouvaires (passage)	St Eustache	id	3.
des	Prouvaires	St Eustache	id	3.
de	Provence	Chaussée-d'antin	id	2.
des	Provenceaux (impasse)	Louvre	id	4.
du	Puits-l'Ermite (place)	St Marcel et Jardin-du-Roi	〃	12.
du	Puits-l'hermite	St Marcel	Nos impairs.	12.
		Jardin-du-Roi	Nos pairs.	

Rues, &c.	Quartiers.	Nos de maisons dépendant de chaque quartier.	Arrondissements.
du Puits-au-Marais . . .	Mont-de-Piété . . .	La totalité	7.
du Puits-qui-parle	Observatoire . . .	id	12.
du Puits-de-Rome (cour et passage)	St martin-des-champs.	id	6.
— Puteaux (passage) . . .	Roule	id	1.
— Putigneux (impasse) . .	Hôtel-de-ville . .	id	9.
des Pyramides	Tuileries	id	1.
des Quatre-chemins (rue ou ruelle)	Quinze-vingts . .	id	8.
des Quatre-Fils	Mont-de-Piété . .	id	7.
des Quatre-vents	Luxembourg . . .	id	11.
— Quincampoix	Lombards	id	6.
des Quinze-vingts (passage) . .	Tuileries	id	1.
des Quinze-vingts	Tuileries	id	1.
— Racine	École-de-médecine . .	id	11.
— Radziwill (passage) . . .	Palais-Royal . .	id	2.
de Rambouillet	Quinze-vingts . .	id	8.
— Rambuteau . . . . . (cette rue doit se prolonger au delà du qr Ste avoie)	Mont-de-Piété . . . Ste avoie . . .	de 1 à 17 — 2 à 12 le surplus	7.
— Rameau	Feydeau	La totalité	2.
— Ramponeau (barrière) . .	Temple	id	6.
— Ramponeau (Chin de ronde de la barrière)	Temple	id	6.
de la Rapée (barrière)	Quinze-vingts . .	id	8.
de la Rapée (chemin de ronde de la barrière)	Quinze-vingts . .	id	8.
de la Rapée (port)	Quinze-vingts . .	id	8.
de la Rapée (quai)	Quinze-vingts . .	id	8.
des Rats (Barrière)	Popincourt . . .	id	8.
des Rats (chemin de ronde de la barrière)	Popincourt . . .	id	8.
des Rats	(aujourd'hui rue de l'hôtel-Colbert) . . .		"
des Rats-Popincourt	Popincourt . . .	La totalité	8
de la Réale	Montorgueil . . .	id	5.

	Rues, &c.	Quartiers.	Nos. des maisons dépendant de chaque quartier.	Nos. des arrondissements.
des	Récollets	Porte-St-Martin . .	La totalité	5.
des	Reculettes (ruelle) . . .	St-Marcel . . .	id	12.
du	Regard	Luxembourg . . .	Nos. impairs	11.
		St-Thomas . . .	Nos. pairs	10.
—	Regnard	École-de-Médecine . .	La totalité	11.
—	Regrattier	Ile-St-Louis . . .	id	9.
de	Reims	St-Jacques . . .	id	12.
de la	Reine-Blanche	St-Marcel . . .	id	12.
de la	Reine-de-Hongrie (passage) .	St-Eustache . . .	id	3.
du	Rempart	Palais-Royal . .	id	2.
du	Renard (passage)	Montorgueil . . .	id	5.
du	Renard-St-Merri	Ste-Avoie . . .	id	7.
du	Renard-St-Sauveur . . .	Montorgueil . . .	id	5.
—	Renaud-Lefèvre	Marché-St-Jean . .	id	7.
des	Réservoirs (impasse) . . .	Champs-Élysées . .	id	1.
du	Retiro (cour)	Roule	id	1.
de	Reuilly (barrière)	Quinze-Vingts . . .	id	8.
de	Reuilly (carrefour)	Quinze-Vingts . . .	id	8.
de	Reuilly (chemin de ronde de la barrière	Quinze-Vingts . . .	id	8.
de	Reuilly	Quinze-Vingts . . .	id	8.
de la	Réunion (passage)	Ste-Avoie	id	7
de la	Reynie	(voir rue La-Reynie)	"	"
—	Ribouté	Faub.-Montmartre . .	La totalité	2.
de	Richelieu (place)	Feydeau	id	2
de	Richelieu	Palais-Royal . . .	de 1 à 55 — 2 à 56.	2.
		Feydeau	57 à la fin — 58 à la fin.	
—	Richepance	Place-Vendôme . .	La totalité	1.
—	Richer	Faub.-Montmartre .	id	2.
—	Riverin (cité)	Porte-St-Martin . .	id	5.

	Rues, &c.	Quartiers.	Nos des maisons dépendant de chaque quartier.	[illegible]
de	Rivoli (place)	Tuileries	La totalité	1.
de	Rivoli	Tuileries	id	1.
—	Rochechouart (barrière) .	Faub.-Montmartre .	id .	2.
—	Rochechouart (Ch.in de ronde de la barrière)	Faub. Montmartre . .	id	2.
—	Rochechouart	Faub.-Montmartre . .	id	2.
du	Rocher	Roule	id	1.
de	Rohan (cour)	École-de-Medecine . .	id	11.
de	Rohan	Tuileries	id	1.
du	Roi-doré	Marais	id	8.
du	Roi-François (cour) . . .	Porte-St-Denis . . .	id	6.
du	Roi-de-Sicile	Marché-St-Jean . .	id	7.
—	Rollin-prend-gage (impasse) . .	Louvre	id	4.
de	Rome (impasse)	St Martin-des-champs .	id	6.
de	Rome	Roule	id	1.
—	Roquepine	Roule	id	1.
de la	Roquette (impasse)	Popincourt . . .	id	8.
de la	Roquette	Faub. St Antoine . . . Popincourt	de 1 à 15 — 2 à 32 17 à la fin — 34 à la fin	8.
de la	Roquette (ruelle)	Popincourt	La totalité	8.
des	Rosiers	Marché-St-Jean . .	id	7.
de la	Rotonde	Temple	id	6.
de la	Rotonde-du-Temple (place) . .	Temple	id	6.
du	Roule (barrière)	Roule . . . . — à droite Champs-Élysées — à gauche	en sortant	1. 1.
du	Roule (campagne)	Champs-Élysées . .	La totalité	1.
du	Roule (chemin de ronde de la barrière) .	Champs-Élysées . .	id	1.
du	Roule	St Honoré	id	4.
—	Rousselet	Champs-Élysées . .	id	1.
—	Rousselet-St-germain . . .	St Thomas	id	10.
—	Royale (place)	Marais	id	8.

Rues, &a.	Quartiers.	Nos de maisons dépendant de chaque quartier.	arrondis.
— Royale St Antoine . . .	Marais	la totalité	8
— Royale-St Honoré . . .	Champs-Elysées . . Tuileries . . . . Place Vendôme . .	De 1 à 17 2 à 12 14 à la fin - 19 seul	1
— Royale St Martin . . .	St Martin-des-Champs	la totalité	6
— Rumfort . .	Roule	id	1
du Sabot	Monnaie . .	id	10
— St Alexandre (rue ou passage).	Porte-St-Denis . .	id	6
— St Ambroise (impasse) . .	Popincourt	id	8
— St Ambroise-Popincourt . .	Popincourt	id	8
— St Anastase	Marais	id	8
— St André (barrière et chemin de ronde)	(voir au mot Aunay)	"	"
— St André-des-arts (place) . .	École-de-médecine .	la totalité	11
— St André-des-arts	École-de-médecine	id	11
— St André-Popincourt . . .	Popincourt . . .	id	8
— Ste Anne	Palais-de-justice . .	id	11
— Ste Anne	Palais-Royal . . . Feydeau	de 1 à 49 - 2 à 58 51 à la fin - 60 à la fin	2
— St Antoine (boulevard) . . .	Marais . . . . Faub. St Antoine . . Popincourt . . .	de 1 à 83 bis 2 à 8 "	8
— St Antoine	Marché St Jean . . Marais . . . . hôtel-de-ville . . . arsenal . . .	de 1 à 99. 101 à la fin. 2 à 80 82 à la fin	7 8 9
— Ste Apolline	Porte St Denis . .	la totalité	6
— Ste Avoie (passage) . .	Mont-de-Piété . .	id	7
— Ste Avoie	Ste Avoie . . . Mont-de-Piété . .	Nos impairs Nos pairs	7
— Ste Barbe	Bonne-Nouvelle .	la totalité	5
— St Benoît (carrefour) . .	Monnaie . . .	id	10
— St Benoît (impasse) . . .	Arcis	id	7

Rues, &c.	Quartiers.	N.os de maisons dépendant de chaque quartier	Arrondissements
St Benoît (passages)	Sorbonne	La totalité	11.
	Monnaie	id	10.
St Benoît	Monnaie	id	10.
St Benoît-St Martin	St Martin-des-champs	id	6.
St Bernard (impasse)	Faub. St Antoine	id	8.
St Bernard (quai)	Jardin-du-Roi	id	12.
St Bernard	Faub. St Antoine	id	8.
St Bon	Arcis	id	7.
Ste Catherine (marché)	Marais	id	8.
Ste Catherine	Sorbonne	id	11.
de la Ste Chapelle (cour)	Palais-de-Justice	id	11.
St Charles (cité)	Invalides	id	10.
St Charles (pont)	Cité	id	9.
St Chaumont (cour et passage)	Porte-St-Denis	id	6.
St Christophe	Cité	id	9.
St Claude (impasses)	Mail	id	3.
	Marais	id	8.
St Claude	Bonne-Nouvelle	id	5.
St Claude	Marais	id	8.
Ste Clotilde (rue)	(voir au mot Clotilde)	"	"
Ste Croix (place)	Place-Vendôme	La totalité	1.
Ste Croix d'Antin	Place-Vendôme	id	1.
Ste Croix de la Bretonnerie (impasse et passage)	Marché-St Jean	id	7.
Ste Croix de la Bretonnerie	Marché-St Jean	N.os impairs	7.
	Mont-de-Piété	N.os pairs	
Ste Croix en la Cité	Cité	La totalité	
St Denis (barrière)	Faub. Poissonnière, à gauche	en dehors	3.
	Faub. St Denis, à droite		5.
St Denis (boulevard)	Porte St Denis	N.os impairs	6.
	Faub. St Denis	N.os pairs	5.
St Denis (Ch.in de ronde de la barrière)	Faub. Poissonnière	La totalité	3.

Rues, &a.	Quartiers	Nos de Maisons dépendant de chaque quartier	Arrondissements
— St Denis (passage)	Porte-St Denis	La totalité	6.
— St Denis	Louvre	de 1 à 93	4.
	Marchés	95 à 145	
	Montorgueil	147 à 295	5.
	Bonne-Nouvelle	297 à la fin	
	Louvre	2 et 4	4.
	Lombards	6 à 202	6.
	Porte-St Denis	204 à la fin	
— St Denis-St Antoine	Faub. St Antoine	La totalité	8.
— St Dominique d'Enfer (impasse)	Observatoire	id	12.
— St Dominique d'Enfer	Observatoire	Nos impairs	12.
	Sorbonne	Nos pairs	11.
— St Dominique St Germain	Faub. St Germain	de 1 à 103 — 2 à 92	10.
	Invalides	105 à la fin — 94 à la fin	
— Ste Elisabeth	St Martin-des-champs	La totalité	6.
— St Eloi	Cité	id	9.
— St Etienne-des-Grès	St Jacques	id	12.
— St Etienne-du-Mont (impasse)	St Jacques	id	12.
— St Etienne-du-Mont (place)	(voir place du Carré-Ste Geneviève)		"
— St Eustache (passage)	St Eustache	La totalité	3.
— St Faron (impasse)	Marché-St Jean	id	7.
— St Fiacre (impasse)	Lombards	id	6.
— St Fiacre	Montmartre	id	3.
— St Florentin	Tuileries	id	1.
— Ste Foy (galerie ou passage)	Bonne-Nouvelle	id	5.
— Ste Foy	Bonne-Nouvelle	id	5.
— Ste Geneviève (allée)	Champs-Elysées	id	1.
— Ste Geneviève (place)	St Jacques	id	12.
— St Georges (place)	Chaussée-d'Antin	id	2.
— St Georges	Chaussée d'Antin	id	2.
— St Germain (marché)	Luxembourg	id	11.
— St Germain l'Auxerrois (place)	Louvre	id	4.

Rues, &c.a	Quartiers.	N.os de maisons dépendans de chaque quartier.	Arrondissemens
— St Germain-l'auxerrois . . .	Louvre	La totalité	4.
— St Germain-des-Prés (place).	Monnaie . .	id	10.
— St Germain-des-Prés . . .	Monnaie . . .	id	10.
— St Gervais (passage) . . .	hôtel-de-ville . .	id	9.
— St Gervais	Marais . . .	id	8.
— St Guillaume (cour) . . .	Faub.-Montmartre.	id	2.
— St Guillaume (cour en passage)	Palais-Royal . .	id	2.
— St Guillaume	Faub. St Germain . .	id	10
— St hilaire	(voir rue du Mont-St-hilaire)	«	«
— St hippolyte (carrefour) . . .	St Marcel . . .	La totalité	12.
— St hippolyte	St Marcel . . .	id	12.
— St honoré (marché) . . .	Palais-Royal . .	id	2.
— St honoré	St honoré . . .	de 1 à 2[illegible].	4.
	Tuileries . . .	233 à la fin	1.
	Marchés . . .	2 à 54	4.
	St Eustache . . .	36 à [illegible]	3.
	Banque	76 à 19[illegible]	4.
	Palais-Royal . .	194 à 3[illegible]	2.
	Place Vendôme . .	[illegible]54 à la fin	1.
— St huguès	St Martin-des-champs.	La totalité	6.
— St hyacinthe-St-honoré . . .	Palais-Royal . .	id	2.
— St hyacinthe-St-Michel . . .	Sorbonne	id	11
— St Jacques (barrière) . .	(voir barrière d'Arcueil).		«
— St Jacques (boulevard) . . .	St Marcel . . .	2 et 4	12.
	Observatoire . . .	6 à la fin	
— St Jacques	St Jacques . . .	de 1 à [illegible]	12.
	Observatoire . .	163 à la fin	
	Sorbonne . . .	2 à 202	11
	Observatoire . . .	204 à la fin	12.
— St Jacques-la-Boucherie (cour).	Lombards . . .	La totalité	6.
— St Jacques-la-Boucherie (impasse)	Lombards . . .	id	6.
— St Jacques-la-Boucherie (marché).	(voir Marché de la Cour du Commerce)		«

Rues, &ca.	Quartiers.	Nos des maisons dépendant de chaque quartier	Arrondissements
— St Jacques-la-Boucherie (passage)	Lombards . . .	La totalité	6.
— St Jacques-la-Boucherie (place)	Lombards . . .	id	6.
— St Jacques-la-Boucherie . .	Arcis	de 1 à 27	7.
	Louvre	29 à la fin	4.
	Lombards	Nos pairs	6.
— St Jean-Baptiste	Roule	La totalité	1.
— St Jean-de-Beauvais . . .	St Jacques . . .	id	12.
— St Jean au Gros-caillou . .	Invalides . . .	id	10.
— St Jean-de-Latran (cour, halles et passage)	St Jacques . . .	id	12.
— St Jean-de-Latran	St Jacques . . .	id	12.
— St Jérome	Arcis	id	7.
— St Joseph (cour)	Faub. St Antoine . .	id	8.
— St Joseph (marché)	Montmartre . . .	id	3.
— St Joseph	Montmartre . . .	id	3.
— St Jules	Faubg St Antoine . .	id	8.
— St Julien-le-Pauvre	St Jacques . . .	id	12.
— St Landry	Cité	id	9.
— St Laurent-Poissonnière (impasse) .	(Supprimée.—Voir rue Mazagran) . .		"
— St Laurent (marché ou foire) . .	Faub. St Denis . . .	La totalité	5.
— St Laurent (place)	Faub. St Denis . .	id	5.
— St Laurent	Faub. St Denis . .	id	5.
— St Lazare (impasse) . . .	Faub. St Denis . .	id	5.
— St Lazare	Chaussée-d'antin . .	de 1 à 79 — 2 à 78.	2
	Place-vendôme . . .	81 à la fin	1
	Roule	80 à la fin	1
— St Louis (cour et passage) .	Faub. St Antoine . .	La totalité	8.
— St Louis (impasse) . . .	(aujourd'hui rue Alibert) "		"
— St Louis (passage) . . .	Arsenal	La totalité	9.
— St Louis-en-l'Ile (marché) . .	Ile-St Louis . . .	id	9.
— St Louis-en-l'Ile	Ile-St Louis . . .	id	9.
— St Louis-au-Marais	Marais	id	8.

Rues, &c.a	Quartiers.	Nos de maisons dépendant de chaque quartier.	Arrondissemens.
— St Louis-St honoré	Tuileries	La totalité	1.
— St Magloire (impasse et passage)	Lombards . . .	id	6.
— St Magloire	Lombards . . .	id	6.
de St Mandé (avenue) . . .	Quinze-vingts . .	id	8.
de St Mandé (barrière) . . .	Quinze-vingts . .	id	8.
de St Mandé (chin de ronde de la barrière)	Quinze-vingts . .	id	8.
— St Marc (Carrefour) . . .	Feydeau	id	2.
— St Marc (galerie)	Feydeau	id	2.
— St Marc	Feydeau	id	2.
— St Marcel (cloître) . .	St Marcel	id	12.
— St Marcel (place) .	St Marcel	id	12.
— St Marcel	St Marcel . . .	id	12.
— St Marcou	St Martin-des-champs	id	6.
— Ste Marguerite-St antoine (place)	Faub. St antoine . .	id	8.
— Ste Marguerite-St antoine . .	Faub. St antoine . .	id	8.
— Ste Marguerite-St Germain (place)	Monnaie . . .	id	10.
— Ste Marguerite-St Germain .	Monnaie . . .	id	10.
— Ste Marie (avenue) . . .	Champs-Elysées . .	id	1.
— Ste Marie (barrière) . .	Champs-Elysées . .	id	1.
— Ste Marie (passage) . .	Champs-Elysées . . Faub. St Germain . . Popincourt . . .	id id id	1. 10. 8.
— Ste Marie	Faub. St Germain . .	id	10.
— Ste Marine (impasse) . .	Cité	id	9.
— Ste Marthe	Monnaie . . .	id	10.
— St Martial (impasse) . .	Cité	id	9.
— St Martin (boulevard)	St Martin-des-champs. Porte St Martin . .	Nos impairs Nos pairs	6. 5.
— St Martin (impasse)	St Martin-des-champs	La totalité	6.
— St Martin (marché)	St Martin-des-champs.	id	6.

Rues, &c.^a	Quartiers.	Nos de Maisons dépendant de chaque quartier	Arrondissemens
— St Martin	Lombards . . .	De 1 à 135	6.
	Porte-St-Denis . . .	137 à la fin .	
	Ste Avoie	2 à 160 .	7.
	St Martin-des-Champs .	162 à la fin .	6.
— St Maur (marché) . .	Porte-St-Martin . .	La totalité	5.
— St Maur (passage) . .	St Thomas . . .	id	10.
— St Maur-Popincourt . . .	Popincourt . . .	de 1 à 17 — 2 à 40	8.
	Temple	17 bis à 51 — 42 à 114	6.
	Porte-St Martin . .	53 à la fin — 116 à la fin	5.
— St Maur-St Germain . .	St Thomas . . .	La totalité	10.
— St Maur-St Martin . . .	St Martin-des-champs .	id	6.
— St Médard (carrefour) . .	St Marcel et	"	12.
	Observatoire	"	
— St Merri	(voir rue Neuve St Merri) " . . .		"
— St Michel (place) . . .	École-de-Médecine . .	De 2 à 6	11
	Sorbonne	8 à 16	
— St Michel (pont) . . .	Cité	au nord .	9.
	Palais-de-Justice .		11.
	École de Médecine . .	(au midi) .	11.
— St Michel (quai) . . .	Sorbonne	La totalité	11.
— St Michel	Roule	id	1.
— St Nicaise	Tuileries	id	1.
— St Nicolas (impasse) . . .	St Martin-des-champs.	id	6.
— St Nicolas (port) . . .	Tuileries	id	1.
— St Nicolas d'Antin . . .	Place-Vendôme . .	id	1.
— St Nicolas des Champs (Cloître et place)	St Martin-des-Champs .	id	6.
— St Nicolas du Chardonnet . . .	Jardin-du-Roi . . .	id	12.
— St Nicolas-St Antoine . . .	Quinze-Vingts . . .	id	8.
— Ste Opportune (impasse) . .	Porte-St Martin . . .	id	5.
— Ste Opportune (place) . .	Marchés	id	4.
— Ste Opportune	Marchés	id	4.
— St Paul (port)	Arsenal	id	9.
— St Paul (quai)	Arsenal	id	9

	Rues, &ª.	Quartiers.	Nºs de Maisons dépendant de chaque quartier	Arrondissements
—	St Paul	Arsenal	La totalité	9.
—	St Paxent	St Martin-des-champs	id	6.
les	Sts Pères (port)	Monnaie	id	10.
les	Sts Pères	Monnaie	Nºs impairs	10.
		Faub. St Germain	Nºs pairs	
té	St Petersbourg	Roule	La totalité	1.
—	St Philippe-Bonne-Nouvelle	Bonne-Nouvelle	id	5.
—	St Philippe-St Martin	St Martin-des-champs	id	6.
—	St Pierre (impasse)	Mail	id	3.
		Marais	id	8.
—	St Pierre (passage)	Arsenal	id	9.
		Popincourt	id	8.
—	St Pierre-des-Arcis	(réunie à la rue Gervais-Laurent)		«
—	St Pierre-aux-Bœufs	(remplacée par la rue d'Arcole)		«
—	St Pierre-Montmartre	Mail	La totalité	3.
—	St Pierre-Popincourt	Popincourt	id	8.
—	St Placide	St Thomas	id	10.
—	St Roch (passage)	Palais-Royal	id	2.
—	St Roch	Montmartre	id	3.
—	St Romain	St Thomas	id	10.
—	St Sabin (impasse)	Popincourt	id	8.
—	St Sabin	Popincourt	id	8.
—	St Sabin (ruelle)	Popincourt	id	8.
—	St Sauveur	Montorgueil	id	5.
—	St Sébastien (impasse)	Popincourt	id	8.
—	St Sébastien	Popincourt	id	8.
—	St Severin	Sorbonne	id	11.
—	St Spire	Bonne-Nouvelle	id	5.
—	St Sulpice (place)	Luxembourg	id	11.
—	St Thomas-d'Aquin (place)	Faub. St Germain	id	10.

Rues, &c.		Quartiers.	Nos des maisons dépendans de chaque quartier	Arrondissemens
—	St Thomas-d'aquin	Faub. St Germain	La totalité	10.
—	St Thomas-d'Enfer	Sorbonne	id	11.
—	St Thomas-du-Louvre	Tuileries	id	1.
—	St Vannes (place)	St Martin-des-champs	id	6.
—	St Victor (carrefour)	Jardin-du-Roi	id	12.
—	St Victor (place)	Jardin-du-Roi	id	12.
—	St Victor	Jardin-du-Roi	id	12.
—	St Vincent-de-Paule	Faub. St Germain	id	10.
—	Saintonge	Temple	id	6.
—	Salembrière	Sorbonne	id	11.
—	Salle-au-Comte	Lombards	id	6.
—	Salle-Neuve	Palais-de-Justice	id	11.
des	Salpêtres (place)	Arsenal	id	9.
de la	Salpêtrière (place)	St Marcel	id	12.
—	Sanson	Porte-St Martin	id	5.
de la	Santé (barrière)	Observatoire — à droite St Marcel — à gauche	en sortant	12 12.
de la	Santé	Observatoire St Marcel	de 1 à 15 — 2 à 16 le surplus	12.
de	Sartine	Banque	La totalité	11.
—	Saucède (passage)	Porte-St Denis	id	6.
—	Saulnier (passage)	Faub. Montmartre	id	2.
du	Saumon (passage)	Montmartre	id	3.
de la	Saunerie	Louvre	id	4.
des	Saussaies	Roule	id	1
de	Savoie	École-de-Médecine	id	11
de la	Savonnerie	Lombards	id	6.
de	Saxe (avenue)	Invalides	id	10.
—	Scipion (place)	St Marcel	id	12.
—	Scipion	St Marcel	id	12.

	Rues, &c.a	Quartiers.	Nos de maisons dépendans de chaque quartier.	Arrondissemens.
de	Ségur (avenue)	Invalides	La totalité	10.
de	Seine-St Germain	Monnaie	de 1 à 83 – 2 à 60	10.
		Luxembourg	85 à la fin – 62 à la fin.	11.
de	Seine-St Victor	(aujourd'hui rue Cuvier)	"	"
du	Sentier	Montmartre	La totalité	3.
des	Sept-voies	St Jacques	id	12.
—	Serpente	École-de-Médecine	id	11.
—	Servandoni	Luxembourg	id	11.
de	Sèvres (barrière)	Invalides — à droite	en sortant	10.
		St Thomas — à gauche	en sortant	10.
de	Sèvres (chemin de ronde de la barrière)	Invalides	La totalité	10.
de	Sèvres (marché de la rue)	St Thomas	id	10.
de	Sèvres	St Thomas	Nos impairs – 2 à 104	10.
		Invalides	106 à la fin	10.
—	Simon-Finet (ruelle)	(réunie à la rue des Teinturiers)		"
—	Simon-le-Franc	Ste Avoie	La totalité	7.
des	Singes	Mont-de-Piété	id	7.
des	Sœurs (impasse)	St Marcel	id	12.
du	Soleil-d'or (passage)	Roule	id	1.
—	Soly	Mail	id	3.
—	Sorbonne (place)	Sorbonne	id	11.
—	Sorbonne	Sorbonne	id	11
—	Soufflot	St Jacques	id	12.
des	Soupirs (avenue)	(aujourd'hui avenue du Bel-air)		"
de la	Sourdière	Palais-Royal	La totalité	2.
—	Sourdis (impasse)	Louvre	id	4.
—	Stanislas	Luxembourg	id	11.
de	Stockholm	Roule	id	1.
de	Suffren (avenue)	Invalides	id	10.
de	Sully	Arsenal	id	9.

	Rues, &c.a	Quartiers.	Nos de maisons dépendans de chaque quartier.	Arrondissements.
de	Surène	Place-Vendôme .	de 1 à 11 – 2 à 10.	1
		Roule	13 à la fin – 12 à la fin.	
de la	Tabletterie	Marchés . . .	La totalité	4
de la	Tacherie	Arcis	id	7
—	Taillepain (impasse ou rue)	Ste Avoie . . .	id	7
—	Taitbout	Chaussée-d'Antin . .	id	2
de la	Tannerie	Arcis	id	7.
—	Taranne	Monnaie	id	10
des	Teinturiers	Arcis	id	7
du	Télégraphe (barrière) . . .	Faub. Poissonnière – à droite	en sortant	3
		Faub. Montmartre – à gauche		2.
du	Télégraphe (Chin de ronde de la barrière).	Faub. Montmartre .	La totalité	2.
du	Temple (boulevard) . . .	Temple	id	6.
du	Temple (Enclos ou marché) . .	Temple	id	6.
du	Temple	Ste Avoie	de 1 à 27	7.
		St Martin-des-champs	29 à la fin	6.
		Mont-de-Piété . .	2 à 78	7.
		Temple	78 bis à la fin.	6.
—	Terrai	(aujourd'hui rue Stanislas). . .		4
des	Terres-Fortes	Arsenal	Nos impairs	9.
		Quinze-vingts . .	Nos pairs	8
—	Thérèse	Palais-Royal . .	La totalité	2.
—	Thévenot	Montorgueil . . .	Nos impairs	5.
		Bonne-Nouvelle . .	Nos pairs	
—	Thibautodé (Thibault-aux-dez). .	Louvre	La totalité	4.
—	Thiorré (passage)	Popincourt . . .	id	8.
—	Thiroux	Place-Vendôme . .	id	1.
—	Thorigny	Marais	id	8.
—	Tiquetonne	St Eustache . . .	id	3.
—	Tirechape	St Honoré . . .	id	4.
—	Tiron	Marché-St Jean . .	id	7.

	Rues, &c.a	Quartiers.	Nos de Maisons dépendans de chaque quartier	Arrondissemens
de	Tivoli (impasse)	Chaussée d'antin . .	La totalité	2.
de	Tivoli (passage . . .	Roule	id	1.
de	Tivoli	Roule	id	1.
de la	Tixeranderie	Arcis	de 1 à 29 – 2 à 22.	7.
		Marché St Jean . . .	31 à la fin	
		Hôtel de ville . . .	24 à la fin	9.
de la	Tonnellerie	St Eustache . . .	de 1 à 79	3.
		Montorgueil . . .	81 à la fin	5.
		Marchés	Nos pairs	4
de la	Tour-d'auvergne (impasse et rue)	(Voir au mot La Tour d'auvergne). .		"
de la	Tour-des-Dames	Chaussée-d'antin . .	la Totalité	2.
de la	Tour-du-Temple . . .	Temple	id	6.
de	Touraine-au-Marais . . .	Mont-de-Piété . . .	id	7.
de	Touraine-St Germain . . .	École-de-médecine . .	id	11.
de la	Tournelle (pont)	Ile-St-Louis . . .	(au nord)	9.
		Jardin-du-Roi . .	(au midi)	12.
de la	Tournelle (quai)	Jardin-du-Roi . . .	La totalité	12.
de la	Tournelle . . .	Jardin-du-Roi . . .	id	12.
des	Tournelles	Marais	id	8
du	Tourniquet St Jean	(fait aujourd'hui partie de la rue Lobau)		.
de	Tournon	Luxembourg . . .	La totalité	11.
de	Tourville (avenue) . . .	Invalides	id	10.
—	Toustain	Luxembourg . . .	id	11.
de	Tracy	Porte-St Denis . .	id	6.
—	Traînée	St Eustache . . .	id	3.
—	Transnonnain	Ste Avoie	de 1 à 23 – 2 à 16.	7.
		St Martin-des-Champs.	25 à la fin – 18 à la fin	6.
—	Traverse	St Thomas . . .	La totalité	10.
—	Traversière St Antoine . .	Quinze-vingts . . .	id	8.
—	Traversière St honoré . .	Palais-Royal . . .	id	2.

	Rues, &c.ª	Quartiers.	Nos de maisons dépendantes de chaque quartier.	Arrondissements
—	Traversine	Jardin-du-Roi	La totalité	12.
de la	Treille (impasse et passage)	Louvre	id	4.
de la	Treille (passage)	Luxembourg	id	11.
de	Trévise	Faub.-Montmartre	id	2.
de la	Trinité (enclos et passage)	Porte-St-Denis	id	6.
aux	Triomphes (avenue)	Faub.-St-Antoine	id	8.
—	Triperet	Jardin-du-Roi	id	12.
de la	Triperie	Invalides	id	10.
aux	Tripes (pont)	St-Marcel	id	12.
—	Trognon	Lombards	id	6.
des	Trois-Bornes	Temple	id	6.
des	Trois-Canettes	Cité	id	9.
des	Trois-Chandeliers	Sorbonne	id	11.
des	Trois-Chandelles (ruelle)	Quinze-vingts	id	8.
des	Trois-Couronnes (barrière)	Temple	id	6.
des	Trois-Couronnes (Chemin de ronde de la barrière)	Temple	id	6.
des	Trois-Couronnes-St-Marcel	St-Marcel	id	12.
des	Trois-Couronnes-du-Temple	Temple	id	6.
des	Trois-Cuillers (passage)	Lombards	id	6.
des	Trois-Frères (impasse)	Quinze-vingts	id	8.
des	Trois-Frères	Chaussée-d'Antin	id	2.
des	Trois-Maries (place)	Louvre	id	4.
des	Trois-Maures	Lombards	id	6.
des	Trois-Pavillons	Marais	id	8.
des	Trois-Pistolets	Arsenal	id	9.
des	Trois-Portes	St-Jacques	id	12.
des	Trois-Sabres (rue ou ruelle)	Quinze-vingts	id	8.
—	Tronchet	Place-Vendôme	id	1
du	Trône (barrière)	Quinze-Vingts — à droite Faub.-St-Antoine — à gauche	en sortant	8. 8.

	Rues, &c.a	Quartiers.	Nos de maisons dépend.ts de chaque quartier.	Arrondiss.ts
du	Trône (chemin de ronde de la barrière)	Faub. St Antoine	La totalité	8.
du	Trône (place)	Faub. St Antoine	Nos impairs	8.
		Quinze-Vingts	Nos pairs	
—	Trouvée	Quinze-vingts	La totalité	8.
de	Trudaine (avenue)	Faub. Montmartre	id	2.
—	Trudon	Place Vendôme	id	1.
de la	Truanderie	Arcis	id	7.
des	Tuileries (quai)	Tuileries	id	1.
aux	Tuiles et ardoises (port)	St Jacques	id	12.
—	Turgot	Faub. Montmartre	id	2.
d'	Ulm	Observatoire	id	12
de l'	Université (impasse)	Invalides	id	10
de l'	Université	Faub. St Germain	de 1 à 91 – 2 à 114	10.
		Invalides	93 à la fin – 116 à la fin	
des	Ursulines	Observatoire	La totalité	12
du	Val-de-grâce	Observatoire	id	12
du	Val-Ste Catherine	Marais	id	8
de la	Vallée (marché)	École de médecine	id	11.
de	Valmy (impasse) [rue du Bac, 96]	Faub. St Germain	id	10.
de	Valmy (quai)	Faub. St Antoine	de 1 à 7	8.
		Popincourt	9 à 59	
		Temple	61 à 107	6.
		Porte St Martin	109 à la fin	5.
de	Valois (passage)	Palais-Royal	La totalité	2.
de	Valois-du-Palais-Royal	Palais Royal	id	2.
de	Valois-du-Roule	Roule	id	1.
de	Valois-St honoré	Tuileries	id	1.
—	Vaneau	St Thomas	id	10.
de la	Vannerie	Arcis	id	7.
de	Vannes	Banque	id	4.

Rues, &c.a	Quartiers.	N.os de Maisons dépendans de chaque quartier.	Arrondissemens.
de Varennes (halle aux Blés) . .	Banque	La totalité	4.
de Varennes-St-Germain . .	St Thomas . . . . Invalides	N.os impairs – 2 à 32. 34 à la fin	10.
des Variétés (galerie) . . .	Feydeau	La totalité	2.
— Vauban (place)	Invalides	id	10.
de Vaucanson	St Martin-des-Champs .	id	6.
de Vaugirard (barrière) . . .	St Thomas — à droite Luxembourg — à gauche	en sortant	10. 11.
de Vaugirard (Ch.in de ronde de la barrière)	St Thomas . . .	La totalité	10.
de Vaugirard (impasse, dit Aubert) .	Luxembourg . . .	id	11.
de Vaugirard (impasse, dit Charlot) .	Luxembourg . . .	id	11.
de Vaugirard	Luxembourg . . . École de Médecine . . Luxembourg . . St Thomas	N.os impairs de 2 à 22. 24 à 86. 88 à la fin	11. 10.
— Vavin	Luxembourg . . .	La totalité	11.
aux Veaux (Marché et place) . . .	Jardin-du-Roi . . .	id	12.
— Vendôme (passage)	Temple	id	6
— Vendôme (place)	Place-Vendôme . . Palais-Royal . .	N.os impairs N.os pairs	1. 2.
de Vendôme	Temple	La totalité	6.
de Venise (impasse ou passage) .	Lombards . . .	id	6.
de Venise	Lombards . . .	id	6.
— Ventadour	Palais-Royal . .	id	2.
— Verdelet	St Eustache . . .	id	3.
— Verderet	Montorgueil . .	id	5
à la Verdure (marché) [anc.t halle à la viande]	Marchés . . .	id	4.
de Verneuil	Faub.-St-Germain . .	id	10.
— Véro-Dodat (passage) . . .	Banque	id	4.
de la Verrerie	Marché-St-Jean . . Arcis . . . . . Ste Avoie	de 1 à 41 – 2 à 42. 43 à la fin 44/46 à la fin	7.

Rues, &c.a	Quartiers.	N.os de maisons dépendant de chaque quartier.	Arrondissemens
de Versailles (impasse) . . .	St. Jacques . . .	La totalité	12.
de Versailles	Jardin-du-Roi . .	id	12.
du Vertbois	St. Martin-des-champs.	id	6.
du Vertbuisson (impasse) . . .	Invalides . . .	id	10.
Verte (allée)	Popincourt . . .	id	8.
des Vertus (barrière)	Faub. St. Denis . .	id	5.
des Vertus (chemin de ronde de la barrière)	Faub. St. Denis . .	id	5.
des Vertus	St. Martin-des-champs.	id	6.
des Veuves (allée)	Champs-Elysées . .	id	1.
de Viarmes	Banque	id	4.
de la Victoire	Chaussée-d'antin . .	id	2.
des Victoires (place) . . .	Banque	1. 2 et 4.	4.
	Mail	3 à la fin – 6 à la fin.	3.
Vide-Gousset	Mail	La totalité	3.
de la Vieille-Boucleric	Sorbonne	N.os impairs	11.
	École-de-médecine .	N.os pairs	
de la Vieille-Draperie . . .	Cité	La totalité.	9.
de la Vieille-Estrapade	Observatoire . .	N.os impairs	12.
	St. Jacques . . .	"	
des Vieilles-Étuves (impasse) .	Lombards . . .	La totalité	6
des Vieilles-Étuves-St. honoré . .	Banque	id	4
des Vieilles-Étuves-St. Martin . .	Ste. avoie . . .	id	7.
de la Vieille-harengerie . . .	Marchés . . .	id	4.
des Vieilles-haudriettes . . .	Mont-de-Piété . .	id	7.
de la Vieille-Lanterne . . .	Arcis	id	7.
de la Vieille-Monnaie . . .	Lombards . . .	id	6.
Vieille-Notre-Dame . . .	St. marcel . . .	id	12.
Vieille-Place-aux-Veaux (la)	Arcis	id	7.
de la Vieille-Place-aux-Veaux .	Arcis	id	7.
de la Vieille-Tannerie	Arcis	id	7.

Rues, &c.ª		Quartiers	N.ºs de maisons dépendans de chaque quartier	Arrondissements
—	Vieille-du-Temple . . .	Marché-St Jean . . .	de 1 à 35 – 2 à 66.	7.
		Mont-de-Piété . . .	37 à 145.	7.
		Temple	147 seul.	6.
		Marais	68 à la fin	8.
de	Vienne	Roule	la totalité	1.
de la	Vierge	Invalides . . .	id	10.
des	Vieux-Augustins . . .	Mail	id	3.
du	Vieux-Colombier . . .	Luxembourg . .	id	11.
—	Vieux-marché-St Martin (le)	St Martin-des-Champs	id	6.
du	Vieux-Marché-St Martin . .	St Martin-des-Champs.	id	6.
du	Vigan (passage)	Mail	id	3.
des	Vignes (impasse)	Observatoire . . .	id	12.
des	Vignes	Champs-Elysées . .	id	1.
des	Vignes	St Marcel . . .	id	12.
de	Villars (avenue)	Invalides . . .	id	10
de la	Ville-l'Évêque (carrefour) . .	Roule	id	1
de la	Ville-l'Évêque	Roule	id	1
—	Villedon	Palais-Royal . .	id	2.
—	Villefosse	Porte-St-Martin . .	id	5
de	Villejuif	St Marcel . . .	id	12
de la	Villette (barrière)	Porte-St-Martin — à droite	en sortant	5.
		Faub.-St-Denis — à gauche	en sortant	5.
de la	Villette (chemin de ronde de la barrière)	Faub. St Denis . .	la totalité	5.
—	Villiot	Quinze-vingts . .	id	8.
des	Vinaigriers	Porte-St-Martin . .	id	5
de	Vincennes (barrière et chemin de ronde)	(voir au mot Trône)	"	"
du	Vingt-neuf-Juillet . . .	Tuileries . . .	la totalité	1.
des	Vins (Entrepôt Général) . .	Jardin-du-Roi . .	id	12.
aux	Vins (port)	Jardin-du-Roi . .	id	12.
—	Violet (passage)	Faub.-Poissonnière . .	id	3.

	Rues, &c.ª	Quartiers.	Nos de maisons dépendant de chaque quartier.	Arrondissemens.
de la	Visitation-des-dames-Ste marie . .	Faub. St Germain . .	La totalité	10.
—	Vivienne (galerie ou passage) . .	Mail	id	3.
—	Vivienne	Feydeau	Nos impairs	2.
		Mail	de 2 à 24	3.
		Feydeau	26 à la fin .	2
de la	Voierie-Popincourt . . .	(voir rue Neuve-Popincourt) . . .		"
de la	Voierie-du-Roule	(aujourd'hui Place de Laborde) . .		"
de la	Voierie-St-Denis . . .	Faub. St Denis . .	La totalité	5.
—	Voltaire (quai) . . .	Faub-St Germain .	id	10.
de	Voltaire	École-de-Médecine .	id	11.
de la	Vrillière	(voir au mot La Vrillère) . . .		"
—	Walubert (place) . . .	Jardin-du-Roi . .	La totalité	12.
—	Washington (passage) . .	St honoré . . .	id .	4.
—	Zacharie	Sorbonne . . .	id	11.

Arrondissemens municipaux	Situation des Mairies et Justices de Paix.	Quartiers.	Commissaires de Police. Noms.	Commissaires de Police. Bureaux.
1.	Mairie :	Tuileries .	Marut de l'ombre .	impasse du Doyenné, 6.
	r. d'anjou St honoré, 9.	Place-Vendôme . .	Wolff	r. Basse du Rempart, 48.
	Justice de Paix :	Roule	Breuzelin . . .	Grande rue verte, 10.
	r. d'anjou St honoré, 9.	Champs-Elysées .	Tulasne	rue de Ponthieu, 3.
			Lapie de Lafage, adjoint	r. des Batailles, 5.
2.	Mairie :	Faub-Montmartre .	Yon	rue Papillon, 7.
	Rue Pinon, 2.	Chaussée d'antin .	Basset . . .	Faub-Montmartre, 67.
	Justice de Paix :	Feydeau	Deroste . . .	rue Grammont, 9.
	Rue Pinon, 2.	Palais-Royal . .	Marrigues . .	rue d'Argenteuil, 43.
3.	Mairie :	Montmartre . . .	Denis	rue Montmartre, 144.
	Place des Petits Pères.	Faub-Poissonnière .	Adam	rue d'Enghien, 18.
	Justice de Paix :	Mail	Fresne . . .	r. St Pierre-Montmartre, 11.
	rue hauteville, 18.	St Eustache . . .	Petit	rue Montmartre, 15.
4.	Mairie :	St honoré	Berillon . . .	rue Bailleul, 3.
	place du Chevalier du guet, 4.	Louvre	Devoud . . .	Place du Louvre, 10.
	Justice de Paix :	Banque-de-France .	Lenoir . . .	rue des Deux Ecus, 17.
	place du Chevalier du guet, 4.	Marchés	Martinez . . .	halle aux draps (r. de la lingerie)
5.	Mairie :	Porte-St Martin . .	Gabet	rue des Marais, 36.
	Rue de Bondy, 20.	Faub. St Denis . .	Bazile-Fregeac .	Faub. St Martin, 151.
	Justice de Paix :	Bonne-Nouvelle . .	Dussard . . .	rue de la Lune, 10.
	Rue de Bondy, 20	Montorgueil . . .	Yver	rue Beaurepaire, 3.
6.	Mairie :	Lombards . . .	Gronfier-Chailly .	rue des Ecrivains, 22.
	rue St Martin 208/210.	Porte-St Denis . .	Haymonnet . .	rue Neuve-St Denis, 21.
	Justice de Paix :	St martin-des-champs	Masson . . .	rue du Temple, 101.
	rue Dupuis-vendôme, 9.	Temple	Moulnier . . .	r. des Fossés-du-Temple, 26.
7.	Mairie :	Ste avoie	Dourlens . . .	r. du Cloître St meri, 6.
	r. Ste Croix de la Bretonnerie 20	Mont-de-Piété . .	Gilles	rue Ste avoie, 38.
	Justice de Paix :	Arcis	Blavier . . .	rue de la Verrerie, 65.
	r. du Roi-de-Sicile, 32.	Marché St Jean . .	Loyeux	rue Pavée, 24.
8.	Mairie :	Popincourt . . .	Monnier . . .	rue Amelot, 30.
	Place-Royale, 14.	Marais	Gronfier Jeune .	r. de harlay, 4. (marais)
	Justice de Paix :	Quinze-Vingts . .	Laumond . . .	rue Moreau, 8.
	Place-Royale, 14.	Faub St antoine . .	Jacquemin . . .	rue Amelot, 8.
9.	Mairie :	hôtel-de-ville . .	Vassal	rue de Jouy, 8.
	r. Geoffroy-l'asnier, 25.	Arsenal	Leclerc . . .	rue des Lions, 8.
	Justice de Paix :	Ile-St Louis . . .	Mongey . . .	Quai Béthune, 2.
	rue St antoine, 88.	Cité	Fleuriais . . .	rue St Landry, 3.
10	Mairie :	Faub. St germain . .	Barlet	rue Bellechasse, 8.
	r. de Grenelle St germain 7.	Invalides . . .	Noël	Esplanade des Invalides, 10.
	Justice de Paix :	Monnaie	Cabuchet . . .	rue Jacob, 38.
	r. de Grenelle St germain, 7.	St Thomas-d'aquin .	Lemoine-Tacherat	rue Plumet, 4.
11.	Mairie :	Luxembourg . .	Prunier-Quatremère	rue Mezières 3.
	rue Garancière, 10.	Sorbonne . . .	Wauthy . . .	rue de Sorbonne, 4.
	Justice de Paix :	Ecole de médecine .	Foudras . . .	rue de l'Eperon, 10.
	rue Garancière, 10.	Palais-de-Justice . .	Jennesson . . .	Cour de harlay, 22.
12	Mairie :	St Jacques . . .	Boulley	rue des Carmes, 7.
	rue St Jacques, 262.	Jardin-du-Roi . .	Bouilhon . . .	rue de Pontoise, 12.
	Justice de Paix :	St Marcel . . .	Henchard . . .	r. du Marché aux Chev.x, 16.
	rue St Jacques, 161.	Observatoire . .	Gowlet	rue du Val-de-grâce, 1.

N.os des recettes	Receveurs-Particuliers-Percepteurs — Noms	Situation des Bureaux de Recette	Contrôleurs des Contributions directes — Noms	Demeures
1.	Bourqueney	rue Ste croix d'antin, 8.	Croa	rue du Mont-Thabor, 28.
			Lumineau	rue Ventadour, 1.
2	de Souberyran	rue Miromesnil, 18.	Auger	rue de Clichy, 33.
2 bis	de Montruffet	rue du Colysée, 21 bis.	Gorlier	rue St Benoît, 9.
3.	Reille	Faub. Montmartre 9	D'Leindre	rue Thérèse, 4.
			Thomas	rue Meslay, 25.
4.	Tartenoon	rue Thérèse, 11.	Blondel	Boulevard St martin, 57.
			Choumeils de St germ.	rue Royale St antoine, 16.
5.	Rossigneux	rue Martel, 12.	Fabre	rue Vanneau, 22.
			Le Tellier	rue de la Victoire 2 bis
6.	Boscheron	rue du Mail, 28.	Hacquart	rue Hautefeuille, 5.
			Le Tellier	rue de la Victoire, 2 bis
7.	de Grammont	Quai de l'École, 10.	Croa	rue du Mont Thabor, 28.
			Gautier	rue de Provence, 67.
8.	Malide	rue du Bouloy, 24.	Blondel	Boulevard St martin, 57.
			Lumineau	rue Ventadour, 1.
9.	Mourgue	rue Albouy, 10.	Dubain	rue de Trévise, 21.
10.	Duriez	rue St Sauveur, 30.	Roussel	rue de Bondy, 42.
			Choumeils de St germ.	rue Royale St antoine, 16.
11.	Fabre Barrot	rue Neuve-St Denis, 12.	Fabre	rue Vanneau, 22.
			Gorlier	rue St Benoît, 9.
12.	Boullenois	rue Neuve-St martin, 19.	Roussel	rue de Bondy, 42.
			Le Borgne	rue de Bondy, 5.
13.	Lavocat	rue Michel-le-Comte, 21.	Feuchère	rue Simon-le-franc, 7.
			D'Ynglemare	rue Mazarine, 30.
14.	Labrouste	rue des Juifs, 20.	Tanera	rue du Cherche-midi, 32.
			Feuchère	rue Simon-le-franc, 7.
15	de Nervo	rue des Tournelles, 50.	D'Ynglemare	rue Mazarine, 30.
			de Margorie	rue du Dragon, 42.
16.	Mariani	rue Daval, 22.	Clausse	rue Saintonge, 21.
			de Margorie	rue du Dragon, 42.
17.	Fougeray de Launay	r. des Prêtres-St Paul, 22.	Le Borgne	rue de Bondy, 5.
			Clausse	rue Saintonge, 21.
18.	Delarue	rue Chanoinesse, 16.	D'Leindre	rue Thérèse, 4.
			Auger	rue de Clichy, 33.
19.	Asselin de Villequier	r. Grenelle St Germain, 96.	de Rostaing	rue Laffitte, 8.
20.	Charlier	rue Caraume, 15.	Tanera	rue du Cherche-midi, 32.
			Gautier	rue de Provence, 67.
21.	Chapuis	r. St hyacinthe-St michel, 21.	Castan-de-Bages	rue du Cherche-midi, 23.
22.	Du Locle	Quai des Augustins, 55.	Hacquart	rue Hautefeuille, 5.
			Thomas	rue Meslay, 25.
23.	Picard	rue des Noyers, 15.	Puissan	rue Mazarine, 32.
24	Possac	r. St Dominique d'Enfer, 15.	Pouchère	rue des Beaux-arts, 8.

www.ingramcontent.com/pod-product-compliance
Lightning Source LLC
LaVergne TN
LVHW050556090426
835512LV00008B/1181